新たな時代の
学校教育を
考える

小川哲哉
石井純一
猪瀬宝裕
渡邉　剛
佐藤　環
［著］

青簡舎

は じ め に

　コロナ禍は、従来の人間社会のあり方を根本から変容させる重大なもので
あった。中でも、学校教育がその影響を大きく受けたことは言うまでもない
であろう。対面授業が極端に制限され、オンラインによる授業が通常の日常
風景となってしまった。そのような状況の中で、令和3年の1月に緊急提言
として出されたのが「『令和の日本型学校教育』の構築を目指して〜全ての
子供たちの可能性を引き出す、個別最適な学びと、協働的な学びの実現〜
（答申）【概要】」（本書の関連資料を参照）であった。この答申では、以下の様
な課題が提示されている。

　・本来、家庭・地域でなすべきことが学校に委ねられ、学校組織・教職員
　　に負担が増大
　・子供たちの多様化、生徒の学習意欲の低下等の課題
　・教師の過重勤務問題、教員不足の深刻化
　・GIGA スクール構想の実現のための ICT の活用力の習得
　・少子高齢化に対応した学校教育の質的向上
　・新型コロナウィルス感染症及び今後も起こり得る新たな感染症への対応
　これらの課題解決の必要性は、これまでにも様々な形で指摘されてきたが、
コロナ禍はこうした諸課題への緊急な取り組みを否応なく求めることになっ
た。さらに、実に12年ぶりに全面改訂された『生徒指導提要』（2022年12月：
関連資料参照）は、こうした課題解決に別な角度から対応しようとするもの
であった。いじめ問題や GIGA スクール構想への対応は当然のこととして、
性的マイノリティ問題や性犯罪・性暴力の未然防止教育については、幼児期
から高校、特別支援教育まで一貫した体制による取り組みが求められている。
さらに、経済的貧困やヤングケアラー等、家庭・生活背景の問題も学校教育

の枠組みの中に組み込む必要性が指摘されている。

　以上の諸点を考慮に入れ、本書は3部で構成されている。まず第1部では「就学前教育をめぐる諸問題」を取り上げた。ここでは、幼児期の子どもたちの実態と彼らを取り巻く問題を明らかにし、小1プロブレム等の喫緊の課題にも提言を行った。次に第2部では「教育制度と学校教育」として、先ず公教育制度の基本的課題を論究しながら、教師教育をめぐる多様な問題に取り組んでいる。最後の第3部では「教職教育の課題とこれからの学校教育」を扱っている。ここでは教員養成教育の課題を再考し、これからの学校教育に求められることを、様々な視点から論究している。このように本書では、教育現場の現状と問題点を分析しながら、新たな時代の学校教育の諸課題をできる限り多様な側面から考察した。したがって対象とする読者も、教育行政や教育現場の関係者、幼児教育に関わる様々な方、さらには一般の方など多岐にわたっている。ご一読いただければ幸いである。

執筆者一同

目　　次

第 1 部

就学前教育をめぐる諸問題

第1章　就学前教育（幼児教育）の現状と課題

1　問題の所在

　就学前教育（幼児教育）の重要性は、これまでにも様々な指摘がなされてきたし、多くの学校教育関係者の間では理解はされていたものの、学習活動が本格的に始まる義務教育前ということもあり、概して関心が薄かったように思われる。さらに就学前の子どもを抱える家庭では、もちろん他人ごとではないとしても、今後子どもに求められ、将来を見据えて考えられるべきことを十分に意識していない保護者も多いように思う。

　ただ、他方で習い事に代表されるように、それを早く始めれば始めるほど英才教育としての効果があると考えている家庭は決して少なくはない。しかもそうした英才教育が、就学前教育の一端を担っているケースもあり、それが経済格差に伴う教育機会の格差問題をもたらしているとの指摘もある。さらに、少子化、核家族化、都市化、情報化、国際化等の急激な変化は、就学前の子どもたちに大きな影響を与え、保護者世代の価値観や生活様式の多様化が、我が子に対する豊かな人間関係の構築に影響を与えていることも指摘されている。また、地域における地縁的つながりによって、本来有形無形に形成されるべき豊かな人間関係が希薄化されている状況にも注意を向ける必要があるだろう。

　子どもが成長し自立する上では、子どもたちが興味関心を抱くことを実現させたり、成功させたりするなどのプラス体験は重要であるが、それ以上に自分が望むことであっても上手く行かないことによる葛藤や挫折などを含むマイナス体験も、大事にされなくてはならない。その両者が、子どもたちの「心の原風景」となるし、それらの多様な体験を経験することが、その後の

学びにいい影響を与えるはずである。しかしながら、少子化、核家族化が進行し、子ども同士が集団で遊びに熱中し、時には集団内で思いどおりに行かないことに葛藤しながら、互いに影響し合って活動する大事な機会が減少している。まさに、子どもの成長を促す様々な体験の機会を奪うような環境であることにも課題がある。

　都市化や情報化の進展によって、子どもの生活空間には、自然豊かな空き地や公園などの広場といった、自由に創造性を働かせる場所が少なくなっている。それに伴い、室内やバーチャルな空間での遊びが増えており、偏った体験を積まざるを得ないという状況にも課題がある。これに拍車をかけているのが、人間関係の希薄化等により、地域社会の大人が地域の子どもの育ちに関心を抱くことが難しくなってきていることや、子どもたちと積極的に関わる機会を失っていることなども課題となっている。これまでは地域の大人が、子どもたちと何気なく関わることができたが、その機会どころか方法さえも知らないという状況なのではなかろうか。ここにも就学前教育に課題があり、効果的に行われていないことを意味しているようにも考える。

　ここまでみてきたとおり、人の一生において、幼児期は、生涯にわたる人間形成の基礎が培われる極めて重要な時期であるにも関わらず、多くの人がこの重要性を真に理解していない可能性があるのではなかろうか。また、幼児は、生活や遊びといった直接的、具体的な体験を通して、情緒的、知的な発達、あるいは社会性を涵養しより良く生きるための基礎を獲得していくのであるが、その機能についても、一部の幼児教育関係者の努力に任せっきりになっているという、ある種の機能不全を起こしていると感じる。子どもは社会の宝であると言われて久しいが、掛け声だけでなく実感が伴うようにしなくてはならない。近接の小学校の関係者だけでなく、全ての教育機関関係者が、就学前教育（幼児教育）の重要性を共有しなくてはならない。

2　日本の就学前教育（幼児教育）の現状と課題

（1）日本型就学前教育の特徴

　現在、日本の不登校児童生徒（小学校・中学校）では約12万人いるとされている。文部科学省の「令和元年度　児童生徒の問題行動・不登校等生徒指導上の諸課題に関する調査結果について」によれば、学年による割合の差はあるが、無気力・不安、いじめを除く学校での人間関係の問題、親子の関わり方などといった要因が、不登校の原因として多いという結果になっている。これは、誰もが不登校になりえる状況にあるともいえる。現場にいるとき、ここ数年は、学力不振とか進路不安ということよりも、人間関係が上手く構築できない子どもたちが、長期に学校を休むようになり不登校へとつながる事例が多いように感じていたのは、あまりに個人的すぎるであろうか。かつて、中途退学する生徒は、学力不振ということが多かったように感じる。確かに、学力不振を何とか克服しようとしながら無気力に陥っていく事例もあったが、クラス内にセーフティネットがあり、子どもたち同士が人間関係を構築することは、端から見ていて労力を必要としていなかったように思う。なぜこのような話から入ったかといえば、就学前教育（幼児教育）が、前述したとおり、関係者の一部に過度の負担としておわせているのではないかという危惧があり、それが、成長後の子どもたちに暗い影となって現れているのではないかと考えているからである。

　就学前教育（幼児教育）は生涯にわたる発達の基盤であることは、日本の教育基本法にも「幼児期の教育は、生涯にわたる人格形成の基礎を培う重要なもの」であるとされていることからも、その後の人生に大きな影響を与えることは否定できない。特に、日本の就学前教育については、単なる小学校準備教育というだけではなく、「人生の準備教育」とでもいえるが、日本のそれはどのような特徴があるだろうか。

　日本の就学前教育には、七つの特徴があるとよくいわれている。浜野によ

れば、第一は、「子供が内から発する主体的な活動や遊びを重視している」ことである。子どもたちの主体性を重んじるため、指導者の言語による教育ではなく、「環境を通した教育」がとられている。そして第二の特徴は、「生活面での自立を重視し、保育者が子どもの遊びと生活を指導すること」である。その過程において、子どもたちの自発性を引き出すことに重きがおかれている。第三の特徴は、「認知能力・非認知能力の双方の発達を重視し、その両面を関連したものとして捉えている」ことである。日本の就学前教育では、子どもの気持ちの安定が重視され、子ども同士の活動を促す仕掛けが随所にある。そして、その中には、お店屋さんごっこのようにロールプレイング的な遊び、遊びに知的な活動が埋め込まれているものもある。ここまでみてきたとおり日本の就学前教育では、とりわけ共感性、集団性、社会性、協調性が重視されている。これらは、海外研究者たち（J.トビン、C.ルイス、J.ヘンドリーら）によっても指摘されてきた。第四の特徴は、「中央政府が保育内容や方法を大きく基準として示すが、細部を決めるのはあくまでも、現場の保育者であり、彼らに大きな裁量が与えられている」ということである。これは、保育者が好き勝手に保育をするということではなく、保育計画、実施、記録、省察を通じて次の計画につなげるように実践しているということである。第五の特徴は、「幼児教育の現場に近い（あるいは現場経験のある）人が、行政においてしばしば指導的な立場となっていること」である。そして第六は、「幼児教育の研究と実践が深く結びついている」ことである。教員養成校の教授陣の中には現場経験を有する者が多く、心理学など多方面の学問成果を取り入れ、実践への橋渡し的役割を担っている。最後に一番大きな特徴として、「民間部門の活力」を効果的に活用しているということがあげられる。日本の就学前教育施設には私立が多く、また、民間企業が提供する幼児向け教材や絵本、商品、サービスがきわめて豊富であり、民間の幼児教育産業（通信教育や習い事教室など）が広く普及している。

（2）就学前教育の歴史的源泉

　ここまで日本の幼児教育の特徴を確認してきたが、日本の就学前教育が教育思想史的に強い影響を受けてきた代表的な理論の源流をあらためて見ていく時に外せないは、J. J. ルソーの『エミール』の幼児観であろう。彼のこの著作は、民主的な社会を担えるような人を育てるための教育論の原型として繰り返し位置づけられてきた。彼の幼児観の主眼は、自己の世界だけで生きていくことが許されていた幼児を、成長とともに社会的な学びへと誘い、他者との関わりや関係性を継続的に学ばせることの重要性である。彼が生きた時代は、子どもというものは、「小さな大人」として見られ、子どもは大人よりも弱く、物わかりの悪い存在とされ、子ども時代は早く終わるのが望ましいとされていた。そのなかで、ルソーは「子どもを小さな大人」として見る社会通念を否定し、「子どもは大人ではない。子どもは子どもである」とする立場を打ち出したのである。彼は、子どもの自主性を重んじ、子どもの成長に即して子どもの能力を活用しながら教育をおこなうべきであると考えたのである。『エミール』の中でルソーは、「人は子ども時代というものを知らない。……いつも子どもを大人に近づけることばかりに夢中になり、大人になるまでの子どもの状態がどのようなものであったかを考えようとはしない」と述べている。

　さらに、ルソーの幼児観は、ドイツの教育学者フリードリヒ・フレーベルにも継承されている。彼の幼児理解は、その後米国における幼児教育実践を経由して、近代日本にも受け継がれているが、我が国の幼稚園教育のほとんどがフレーベルの確立した教育法に影響を受けているといっても過言ではないだろう。フレーベルの幼児教育思想にはキリスト教的な幼児教育思想が色濃く反映されている。幼児は「創造性＝神から与えられた才能」を有しており、その才能を開花させるための創造性の養育が必要だと言う。この創造性の追求が結果として、現代でも支持される「遊び」を主体とした幼児教育の礎を作り上げてきたと言われている。彼は、子どもが元々持っている能力を

「表現」や「何かを生み出す力」と考え、子ども達の「何かを表現、生み出したい」という衝動によりそった教育を幼児教育の肝としたのである。

　ルソーの幼児教育観は、発達心理学の創始者とも言われているJ.ピアジェにも受け継がれている。彼は「３つ子の魂100までも」という先人の教えを、学問的に根拠づけ、０歳から７歳までの教育環境で、子どもの人格形成は決まるとし、多くの子どもたちを臨床的手法で観察し、「子どもは大人のミニチュアではなく、子どもの発想は子ども自身独自のものである」という法則性を発見したと言われており、このような考え方は後の児童心理学での基本的な考え方になっている。

　このように日本における国の就学前教育（幼児教育）は、常に諸外国からの理論と実践を受容しながら、独自な発展を続けてきたことが分かる。特に明治期以降は、近代化の達成のための諸制度の導入と共に、学校教育制度の確立が急務の課題となり、上からの改革として高等教育から初等教育に至る一貫した導入が重視されてきた。特に近代化が至上命題になった明治期には、ルソーやフレーベルの理論や実践だけではなく、心理学関係の幼児教育も急速に導入されたことはよく知られている。その意味では、明治以降我が国の教育システムは、常に諸外国の理論と実践の成果を継続的に導入しながら、トータルな教育システムとして就学前教育を位置づけ、それらを継続的に更新させてきた歴史がある。

　ただ明治期には、近代化の必要性から一貫した教育システムの導入が急がれたが、こうした教育システムが一定程度構築している今日、一貫教育の重要性は、グローバルな視点を取り込みつつ、それが現代的な意義を有していることが求められる。その意味では、当時のような単に近代化のために必要とされたトータルシステムではなく、時代が要請する一貫教育でなければならない。

　それは、幼児から大人までの教育プロセスが切れ間なく、継続的に進めら

れる教育の意味での生涯学習的なものであろう。一人一人が生涯にわたってその時々の教育課題に応えながら、それぞれの発達段階に合わせた教育システムが稼働して行くことが求められる中で、就学前教育と学校教育が円滑な接続が新たな教育課題として注目されている。ここでは先ず、就学前教育の国際的な動向について触れておきたい。

3　諸外国の就学前教育（幼児教育）の動向

　諸外国における就学前教育の近年における動向に目を向けてみると、これまでにない新しい理論的・実践的取り組みが数多く行われており、それらを吟味し導入することは極めて重要になってきている。日本が目指すべき就学前教育のモデルとして各国の多様な試みを紹介していきたい。ここで取り上げるのは、フィンランド、スウェーデン、オランダ、ドイツ、イングランド、アメリカ、フランス、韓国などの就学前教育である。まず最初にフィンランドを見ていきたい。

（1）フィンランド

　フィンランドの家族の形態は両親共働きやひとり親家庭などバラエティに富み、その保育・幼児教育の仕組みは、それぞれの事情に合わせて様々な保育の場が用意されており、0から5歳は自治体、民間保育、家庭保育サービスがあるが、6歳児になるとエシコウルという小学校入学前の準備教育をする施設で、幼児教育と小学校教育をつなぐ役割を担う就学前教育が始まる。そして、7歳から義務教育がスタートする。就学前教育であるエシコウルは、保育教師と保育士の2名体制で行われている。クラス規模は教師1名につき上限13名であり、ほとんどの児童がエシコウルに通うことになる。そこでは、子どもの主体性を尊重し、共通の活動のほか、個々人の興味・関心に沿って小グループで活動する時間がある。成長・発展および学習の前提となる能力

を向上させることを重視している。

（2）スウェーデン

　日本の幼稚園教育要領や保育所保育指針にあたるナショナル・カリキュラム「ラーロ・プラン（Läroplan）」をもちその中には、「子どもは学ぶ意欲にあふれ、積極的で好奇心が強い。子どもは文化と知識の創造者であり、固有の権利を有する一人の人間である」と明記されている。スウェーデンは世界で最初に子どもの権利条約に批准した国であり、その精神が反映されている。そのスウェーデンの保育と幼児教育の仕組みは１歳から５歳がプリスクールであり、幼稚園にあたる。６歳ではプリスクール・クラスとなり、７歳からが義務教育である。また、就学前教育の実態と特徴については、プリスクールの主たる役割が教育か保育かで議論されており、近年改訂されたプリスクール・カリキュラムでは、言語・コミュニケーション・数的思考等の学習的側面も取り入れられている。一方、近年では初等教育以降に用いられた「ラーニング・スタディ」という考え方が導入され、遊びのなかで発達を促しながら、知識の獲得と向上を促す活動が行われている。特筆すべきことは、就学前学校においては、大学卒の就学前学校教員と高校で資格を取得した保育補助員が一緒に子どもを保育することである。

（3）オランダ

　「オランダは先進国の中で子どもが一番幸せな国である」とよく語られる。日本と同じように「教育」施設と「保育」施設とに分かれている。「教育」施設には、２種類の形態があり、一つはオランダで最も古くからあり、社会教育を重視する「プレイグループ」、もう一つは、オランダ語を母語としない子どもなどを対象とする「就学前・早期教育」である。０歳から３歳が保育園、２歳半〜から３歳がプレイグループ、早期教育である。そして４歳からは小学校にあたる基礎学校で、義務教育は５歳以降始まる。４歳から５歳

が幼児クラスとなっている。幼児クラスの教育の実態とその特徴は、基礎学校では、基礎学校3年生以上の教育への準備を行うための教育（就学準備型教育）がなされている。その背景には、過去に基礎学校1年生での留年が問題視されたことが挙げられる。「ピラミッド・メソッド」「カレイドスコープ」などの規格化された手法が採用され、就学準備を目的としているが、いずれも子どもの主体的な活動が中心となる。

（4）ドイツ

ドイツの保育と幼児教育の仕組みは、0歳から2歳が保育園、3歳から5歳が幼稚園であり、幼保一体型施設もある。6歳からが義務教育になる。就学前教育の実態とその特徴は、PISAテストの結果が低かったことから2000年代に教育改革が行われ、就学前教育からの言語能力の獲得、保育・幼児教育と学校教育との接続について検討された。その結果、各年齢において獲得すべき能力が設定された。特筆すべきことは、子どもの視点にたった自発的で無理のない学びが尊重され、長期的で、人格形成の基礎となる遊びの体験に基づいた陶冶が大切とされている。

（5）イングランド

イングランドの保育と幼児教育の仕組みは、0歳から4歳がケアサービス、3歳から4歳が親の希望に応じて幼児教育が行われ、5歳からが義務教育となっている。就学前教育の実態とその特徴は、すべての施設で、「ナショナル・カリキュラム」の一環として0歳児から5歳児の「学びと発達」「ケア」の指針を定める「乳幼児基礎段階」（EYFS）に沿った活動が行われている。EYFSには、コミュニケーション、運動、社会性、読み書き、数的思考、表現、環境への関心という各領域において、5歳までに獲得すべき目標が示され、それに沿った教育活動が行われる。

（6）アメリカ

　アメリカの保育・幼児教育の仕組みは、０歳から４歳が低所得者向け早期教育（ヘッドスタート）と民間保育サービスがある。４歳から５歳は（プレ）キンダーガーテンでいわゆる就学前教育が行われ、６歳からが義務教育であるが州によって異なる場合もある。就学前教育の実態とその特徴は、階層間格差・貧困対策として、1960年代から貧困層の児童および保護者に対する教育・支援プログラムとしてヘッドスタート事業を行い、低所得層の社会的統合を目指している。一方、広く一般にも「落ちこぼれゼロ」（NCBL）政策の一環として「よいスタート、賢い育ち」（GSGS）プロジェクトがあり、キンダーガーテン入学時で必要とされる能力を想定し、３歳から５歳児の言語、認知、読みを教育し、週単位で達成度合いを把握することが始められている。

（7）フランス

　フランスの保育と幼児教育の仕組みは、０歳から２歳が保育所、３歳から５歳がエコール・マテルネルであり、６歳からが義務教育にあたる。就学前教育の実態とその特徴は、ほぼすべての子どもがエコール・マテルネルに通う。この点でユニバーサルな保育サービスとも言えるが、活動内容は就学準備のための教育機関の性格が強い。教育課程においてはエコール・マテルネルと小学校（６〜10歳）が一体的に捉えられ、学習指導要領では、言語、読み書き、運動、環境への関心、創造性のほか、「生徒になる」という項目において学校での規範を学ぶことが明記されている。

（8）韓国

　韓国の保育と幼児教育の仕組みは、０歳から５歳がオリニジップ（保育園）３歳から５歳が幼稚園、６歳からが義務教育になる。なお、３歳から12歳に、民間の教育機関ハゴン（学院）がある。就学前教育の実態とその特徴は、経済的に豊かな家庭が早期教育になり、幼稚園の競争も激しくなるなか、低所

得層の子どもの教育機会が問題視されるようになっている。それに対して、ヘッドスタート（アメリカ）に近い「希望スタートプログラム」の開始された他、近年では幼保共通のカリキュラム「ヌリ課程」（3～5歳児対象）が導入され、園ごとの質をそろえる努力がなされている。

　ここまで諸外国の就学前教育を概観してきたが、特徴的なのは各国の歴史的・文化的違いがあるにしても、小学校から始まる義務教育に就学前教育をつなぐ努力がなされている点である。フィンランドのエコシウルにしても、スウェーデンのプリスクールにしても単なる小学校への準備教育を越えた教育的意味づけがなされているし、保育と教育を分けて考えてきたオランダやドイツにおいてもその連続性が強く意識されている。そうした傾向性は、イングランド、米国、フランスや韓国にも見出せる。もちろん各国の事情において、その具体的な内容の相違があるとしても、就学前教育と学校教育の接続は、もはや国際的な潮流と見なすことができるだろう。

4　日本の就学前教育（幼児教育）を再考する

　これまでみてきたとおり幼児期の発達の特性に照らした教育は、とても重要であり、受験などを念頭におき、専ら知識のみを獲得することを先取りするような、いわゆる早期教育や英才教育とは本質的に異なる。幼児教育は、目先の結果のみを期待しているのではなく、生涯にわたる学習の基礎をつくること、「後伸びする力」を培うことを重視している。

　幼児は、身体感覚を伴う多様な活動を経験することによって、生涯にわたる学習意欲や学習態度の基礎となる好奇心や探究心を培い、また、小学校以降における教科の内容等について実感を伴って深く理解できることにつながる「学びの芽生え」を育んでいる。幼児教育は、幼児の内面に働きかけ、一人一人の持つよさや可能性を見いだし、その芽を伸ばすことをねらいとする

ため、小学校以降の教育と比較して「見えない教育」と言われることもある。だからこそ、幼児教育に関わるに当たり、家庭や地域社会では、幼児の持つよさや幼児の可能性の芽を伸ばす努力が求められる。また、幼稚園等施設における教員等には、幼児一人一人の内面にひそむ芽生えを理解し、その芽を引き出し伸ばすために、幼児の主体的な活動を促す適当な環境を計画的に設定することができる専門的な能力が求められる。幼児教育は、次代を担う子どもたちが人間として心豊かにたくましく生きる力を身につけられるよう、生涯にわたる人間形成の基礎を培う普遍的かつ重要な役割を担っている。また、学校教育のはじまりとして幼児教育を捉えれば、幼児教育は、知識や技能に加え、思考力・判断力・表現力などの「確かな学力」や「豊かな人間性」、たくましく生きるための「健康・体力」からなる、「生きる力」の基礎を育成する役割を担っている。

5 結語的考察

　幼児教育は、子どもの基本的な生活習慣や態度を育て、道徳性の芽生えを培い、学習意欲や態度の基礎となる好奇心や探求心を養い、創造性を豊かにするなど、小学校以降における生きる力の基礎や生涯にわたる人間形成の基礎を培う上で重要な役割を担っている。だからこそ、教職を目指す学生には、幼児教育施設に直接赴き、そこでどのような指導が為されているのか、その指導の理論的裏付けはどのようなものであるのか、体感してもらいたい。

　そのうえで、その指導を受けた子どもたちが、やがて自分の校種にあがってくることを考え、どのように指導するのかを考える素地を養ってほしい。その視点が加われば、自分たちが担当することになる学齢期の子どものみならず、幼児期の子どもの育ちの重要性を意識し、一人の人間として生涯学び続けることを厭わない子どもたちを育成することができると考える。

　今後の就学前教育（幼児教育）と学校教育の接続の方向性としては、幼稚

園等施設を中心とした幼児教育の機能の拡大や教員等の資質の向上を図るこ
とはもちろん、一人の子どもの生涯を見守るという視点での各校種の教師
との連携を密にすることが重要である。そのためにも、養成段階からの学生
同士や指導にあたる教員同士の交流が重要な鍵を握る。

引用・参考文献

志水宏吉『一人称の教育社会学 学校にできること』角川選書、2010年。

汐見稔幸・無藤隆『保育所指針 幼稚園教育要領　幼保連携型認定こども園教
　育・保育要領　解説とポイント』ミネルヴァ書房、2018年。

浜野隆「EDU-Port トピックセミナー（幼児教育）　日本の保育・幼児教育の特
　質と可能性」

https://www.eduport.mext.go.jp/pdf/summary/topic/20191025/20191025-2.pdf
　（2022年11月28日閲覧）

ポール・タフ、高山真由美訳『CHILDREN 私たちは子どもに何ができるのか』
　英治出版、2020年。

第2章　幼児を取り巻く人間関係の再考

1　はじめに

　今日幼児を取り巻く人間関係を考える時、幼児への教育的配慮に関する共通概念（イメージ）の問題は重要である。教育思想史的に見て、幼児と身近な大人との安定した愛着関係の大切さを最初に指摘したのは、J. J. ルソー（Rousseau, J. J., 1712-78）であった。彼の主著『エミール』の中で、幼児虐待が横行していた当時の子育ての問題を繰り返し指摘し、幼児への教育的配慮の必要性を強調している。今日の我々が幼児と接する時に特別な配慮の必要性を無意識に持つのは、彼の幼児教育論の影響が大きいと言える。その意味で彼の幼児教育論は、幼児との人間関係の問題を考える際の思想的源泉に当たるものであるように思う。

　ただこうした教育論の妥当性は、その論が現れた当時の現実社会で、どれだけ有効性を持ちえたのかで決まるものであるし、さらにその有効性が時代を超えて認められる普遍性を持ち得るのかどうかも重要である。

　以上の諸点を考慮して、ここではルソーの幼児教育論の有効性と、その教育論の現代的な意義について再考してみたい。まず最初にルソーの幼児教育論を概観してみよう。

2　ルソーの幼児教育論における教育的配慮の重要性

(1) 独自な存在としての幼児

　ルソーの幼児教育論の根幹にあるのは、性善説に立った独自な人間観である。これは、当時のキリスト教的倫理観に潜在する性悪説による人間観とは

対極に立つものであった。性悪説の由来は、旧約聖書で紹介されているアダムとイブの犯した原罪であり、人間存在を「悪」と見なすこの人間観では、子ども存在を肯定的に評価し、幼児に特別な配慮を施すという考え方は生み出されなかった。むしろ幼児は、「不完全な大人」「未成熟な成人」であり、そのような状態からは一刻も早く脱却すべきであり、そのための教育は大人によってなされるべきであり、時には体罰による強制的指導が当然とされた。

　このような当時の人間観と比較すると、性善説に立つルソーの幼児観は、画期的なものであったと言えるだろう。ルソーは、主著である『エミール』（1762年）の書き出しにおいて、「万物をつくる者の手をはなれるときすべてはよいものであるが、人間の手にうつるとすべてがわるくなる」と記している。これは、人間が元来持っている本性を「善」と見なし、性善説に立った人間観に基づき子どもへの特別な配慮の必要性を強調したものである。

　ルソーによれば、これまでの幼児観は子ども存在の独自性を考慮していないし、それを最大限に尊重することもしていない。彼は従来の幼児観に対して、次のような痛烈な批判を与えている。

　「人は子どもというものを知らない。子どもについてまちがった観念を持っているので，議論を進めれば進めるほど迷路に入り込む。このうえなく賢明な人々でさえ，大人が知らなければならないことに熱中して，子どもにはなにが学べるかを考えない。彼らは子どものうちに大人をもとめ，大人になるまえに子どもがどういうものであるのかを考えない。」

（2）幼児に対する二つの眼差し

　このような性善説の人間観に基づいてルソーは、幼児に対して二つの眼差しを向けている。一つは先述した子どもに先天的に宿るとされた「善」の本性を「保護」し、それを維持する眼差しであり、それは子ども存在を肯定的に見る幼児観である。こうした幼児へのイメージは、今日の我々が日常的に持っている「無垢」で「純粋」な子どもへのイメージに織り込まれていると

言えるだろう。そしてそのようなイメージは、成長し、大人になっても保持して欲しい願望として今でも受け継がれているものであろう。

　ただ他方で子どもへのこのような願いは、大人への成長を求めるものでもある。ルソーは、次のように述べる。「……ほんとうに求められる自然の必要物と、きまぐれによる欲望とを注意深く見極めることが必要だ……やたらに拒絶してはならないが、いったん拒絶したら、決してそれを取り消してはならない。」幼児へのこうした態度は、子どもに必要とされる自然のままの純粋さは保護しつつも、それが無制限に認められるわけではないことを示している。無垢で、純粋な子ども存在は、「克服」されるべき存在でもあった。そのため、言語の使用ができるようになる少年期には、幼児期とは違う自己責任を持つべき社会的存在が求められるようになる点に注意したい。

　ところで、上述した保護すべき存在と克服すべき存在としての幼児への眼差しは、相互矛盾したものである。ルソーによれば、そうした相互矛盾した眼差しを向けながらも、今ある大人とは違う新しい人間形成を行うためには、大人社会から隔離された独自な教育空間が必要になる。『エミール』の中で、彼は以下のように述べる。

　「……やさしく先見の明ある母よ、わたしはあなたにうったえる。若い植物が枯れないように、それを育て、水をそそぎなさい。その木が結ぶ果実は、いつかあなたに大きな喜びをもたらすだろう。あなたの子どもの魂のまわりに、はやく垣根をめぐらせなさい。」

　「先見の明ある母」とあるのは、子育ての大切さを考えない当時の上流階級の女性への批判が込められていると言われており、「垣根」をめぐらせるという表現には、隔離されて教育空間の必要性を指摘していると解釈されている。すなわち、彼のこのような一連の指摘には、隔離された独自な空間において、「保護＝克服」の矛盾を乗り越える新しい人間形成のあり方が強調されていると言えるだろう。

（3）幼児に対する教育の必要性

　幼児に対する保護の眼差しは、換言すれば幼児に対する教育的配慮の必要
性に他ならないが、その必要性は別な側面から見ても重要である。それは、
幼児期の人間への身体的配慮の問題と深く関わっている。ルソーは、そのこ
とについて次のように述べる。

　「……私たちは弱い者として生まれる。私たちには力が必要だ。私たちは
何ももたずに生まれる……大人になって必要となるものは、すべて教育によ
ってあたえられる。」

　彼のこのような指摘は、幼児に対する教育の必要性を指摘したものとして
広く知られているが、この指摘は、今日動物学的視点からもその正当性が確
認されている。動物学的に見て幼児期の人間は、他の動物と違って、親によ
る保護が必要不可欠であると言われている。ポルトマンは、幼児に対するこ
うした必要性を、「1年早産説」として論証している。彼によれば、人間は
動物学的観点から見ると、他の哺乳動物の身体的発達状況と比べてほぼ1年
程度早く生れるために、身体的には未成熟な状態から成熟しなければならな
い。そのため親による庇護が必要不可欠であり、親による教育なくして成長
することができないのである。

　以上のように、ルソーの教育論には、幼児の存在を「善」と見て、幼児が
持っている純粋さを大人はできる限り大切にすることが強調されている。そ
の意味では、彼の教育論に見られる幼児観は、その後の児童中心主義教育の
源流であると理解されているが、彼はなぜ18世紀後半のこの時期に、幼児に
対するこのような深い教育愛のある教育的配慮の重要性を主張したのだろう
か。そこには、当時のヨーロッパにおける幼児に対する過酷な扱いが背景に
あるように思う。そうした文化的・歴史的背景を明らかにしたのが、社会史
研究の源流と言えるアナール学派の一連の論考である。

3　18世紀の幼児をめぐる状況とルソーの育児批判

(1) 社会史研究の成果

　歴史研究の対象を、近代の家族、性、育児、衣食住、心性等においたアリエスをはじめとするアナール学派の社会史研究者たちの登場は、歴史学研究に大きな変革をもたらしたといわれている。彼らの研究が注目されたのは、それまでの歴史学の主流であった支配者層の政治史や経済史ではなく、従来の研究では十分に取り扱われなかった無名の一般庶民に目を向けたことである。そのため、歴史的事実を検証する史料も、公文書ではなく名もなき庶民の日記、地方の役場の記録書類、無名な雑誌等、これまで公的な史料として見向きもされなかった文書などが重要な意味を持つようになった。それらの史料の分析によって、当時の庶民の幼児に対する配慮の実態が明らかになり、当時の幼児たちの実像の一側面が解明されることになった。

　こうした研究の成果は、子育てや教育活動の分析を主な論究対象とする教育学研究にとって重要な意味を持っていることは言うまでもないが、一連の研究から明らかになったのは、近代の子どもたちの過酷な取り扱いであった。ショーターは18世紀の近代ヨーロッパにおける幼児に対する取扱いの事例を次のように紹介している。

　「……子どもをかなり長時間一人でほっておく一般的な習慣があった……子どもたちは巻き産衣にぐるぐる巻きにされ、何時間も排泄物にまみれさせられたり、暖炉の前に放置され、服に火がついて死んでしまったり、また誰も気をつけていなかったために飼い豚におそわれて食べられることがあちこちで見られた。」

　この事例から分かるのは、幼児への教育的配慮意識の希薄さである。フランス革命前の政治的混乱期で一般庶民の経済的貧困が背景にあったとしても、多くの庶民の間では幼児への特別な配慮の必要性に無関心であったことが理解できる。

　さらに、子どもへの教育的配慮の無関心は、当時の庶民だけではなく貴族階級でも日常的に行われた里子制度にも見られる。18世紀末頃のパリで生まれたおよそ9割以上が乳母に育てられたという統計もある。多くの家庭の子どもが乳母に育てられていた事例は貴族階級では一般的だったが、多くの庶民の子どもも、農村の乳母に預けられたと言われている。女性学研究者のバダンテールは、里子に出される幼児のひどい輸送状況を次のように指摘している。

　「……ある周旋屋は小さな馬車で赤ん坊を6人運んでいるうちに、眠ってしまい、ひとりの赤ん坊が落ちて、車輪の下敷きになって死んだことに気がつかなかった。ある仲介人は7人の赤ん坊を預かったが、ひとりなくしてしまい、その子がどうなったか、誰にも分からなかった。また、3人の赤ん坊を預かった老女は子どもをどこへ連れていくべきかを忘れてしまった。」

　このように、18世紀後半のフランスの庶民の間では、多くの子どもたちが自分がどのような家に送られるか分からないまま、里親の乳母のもとに運ばれていった。こうした扱いを受けた子どもたちが、乳母から大きな愛情を持って育てられたとは考えにくい。むしろ過酷な生活状況に置かれたと考える方が妥当であるかもしれない。そのため、幼児に対する教育的配慮を強く訴えたルソーの幼児教育論は、当時としては極めて例外的で貴重なものであったと考えられよう。

（2）ルソーの育児批判

　こうした社会史研究の成果を前提にして、あらためて『エミール』の中のルソーの子育て批判を見てみると、彼の主張の現代的意義が確認できるように思う。

　「子どもが母の胎内からでるとすぐに、体を動かしたり手足をのばしたりする自由が得られるとすぐに、人は子どもに新たな束縛をあたえる。産衣にくるみ、顔を固定し、足をのばさせ、腕を体のわきにたれさせて、ねかして

おく。あらゆる種類のきれやひもを体にまきつけ、そのために体の向きをかえることができなくなる。息もできないくらいしめつけられていなければしあわせだ。体を横むきにされて、口から出てくるよだれが流れ落ちるようにするため、頭をふりむける自由さえ与えられないだろうから。」

　上述したように社会史研究によって、当時の幼児が死に至る可能性もあるような過酷な環境下に置かれていたことが分かる。そのような幼児の身体が実際にはどのようになっていたのかは、『エミール』の中で描かれているルソーの言葉からも十分理解することができるだろう。

　さらに彼は幼児に対する母親の無関心さを批判し、産衣が幼児の身体に与える悪影響についても次のように続ける。

　「子どもをやっかいばらいして、陽気に都会の楽しみにふけっているやさしい母たちは、そのあいだに産衣にくるまれた子どもが村でどんな扱いをうけているか知っているのだろうか。ちょっとでもことが起こると子どもは古着なんかのように釘に引っかけられる。乳母がゆうゆうと用をたしているあいだに、みじめな子どもはそうして釘づけにされている。こういう状態で見られた子どもはいずれも顔が紫色になっていた。かたくしめつけられた胸は血液の循環をさまたげ、血は頭にのぼる。そしてみんなは子どもがたいへん静かになったと思っているが、子どもには声をあげる力もなくなっていたのだ……思うに、こんなことが産衣の大きな効用の一つなのだ。」

4　結語的考察 ―ルソーの幼児教育論の継承―

　冒頭でも指摘したが、幼児期を人間形成の特別な時期と捉え、幼児に対する教育的配慮を重視したルソーの幼児教育論は、現代においても幼児と人間関係の問題を考える際の原理・原則にあたるものであるように思う。彼は子ども存在の独自性を繰り返し強調し、幼児に対する教育的配慮の大切さを主張していた。我々が日常的に幼児には教育的配慮が必要であるという常識は、

ルソーの幼児教育論から始まったといっても言い過ぎではないだろう。

　しかも彼の幼児教育論の歴史的意義については、先述した近年の社会史研究の成果が証明していると言ってもよい。主著『エミール』で取り上げられているルソーの数々の育児批判は、彼の単なる個人的見解の域を超えており、当時の子どもへの対応があまりにも過酷だったことに対するリアリティのある批判でもあった。このような点にルソーの幼児教育論の同時代的意義が確認できるだろう。その点で、彼の教育論はその時代の現実社会においては極めて独自なものであり、多くの人々が教育的配慮を欠いた育児を行っていたことに対する批判的有効性を十分に持っていたと思われる。そして我々が、日常的な常識として幼児への教育的配慮の必要性を感じるのは、ルソーの幼児教育論や教育思想を受け継いでいるからではないだろうか。

　しかしながら近年の相次ぐ幼児虐待事件を目の当たりにする時、我々はルソー以来常識であるはずの幼児への教育的配慮の大切さを本当に受け継いでいるのか疑ってしまう。2000年11月に「児童虐待の防止等に関する法律」（児童虐待防止法）が施行された以降も、痛ましい事件は後を絶っていない。例えば、2010年の大阪2児餓死事件は、典型的なネグレクト、すなわち育児放棄という虐待によるものであった。22歳で幼い2児を抱えた若い母親が、離婚後に養育費もなく、家族に頼れない状況であったとはいえ、2児を猛暑の中で1か月以上も自宅に閉じ込めて、育児放棄で餓死させた事件は、幼児への教育的配慮が大切であるという当然の常識が、我々の日常生活においていとも簡単に失われてしまうことを示している。

　この事件の9年後の2019年1月に起こった千葉県野田市の小学校4年生の女児虐待死亡事件では、父親の女児に対する虐待を母親が止められず、自分への暴力が加えられることを恐れて一緒になって虐待を加えていた。父親は、日頃の精神的ストレスを発散するために、日常的に虐待を行っていた。虐待は、数年前から繰り返しなされていて、女子はその被害を小学校のアンケートに「お父さんに暴力をうけています。夜中に起こされたり、起きていると

きにけられたり、たたかれたりしています。先生、どうにかできませんか。」
と回答したため、柏児童相談所が2017年には女児を一時的に保護していた。
ところが、父親が厳しく学校側を詰問し、その訴えは野田教育委員会にも伝
わり、このアンケートのコピーを父親の要求で渡してしまう。そのためさら
に過酷な虐待が行われる可能性があったため施設での保護が継続された。と
ころが、結果的には相談所側は、女児を施設から自宅に帰すことになってし
まう。そのために、女児にはさらなる虐待が繰り返され、結局死に至った。
この事件は、個人や家庭のプライバシー保護が最大限尊重される現代社会の
自己矛盾の問題を我々に突き付けている。学校や児童相談所には何度も女児
を助ける機会がありながら、かけがえのない命を守ることができなかったか
らだ。

　これらの事件は、近年増え続ける幼児虐待の極端な事例として扱われる場
合もあるが、構造的には類似する事件は後を絶たない。プライバシーの尊重
と公的機関による保護が、構造的には矛盾した関係を生み出しており、多く
の幼児が今も虐待にさらされている。

　ルソーの幼児教育論が世に出てから数世紀経ちながら、我々は子どもの保
護にあり方の一体何を学んだのであろうか。子どもをいつくしむルソーの幼
児教育論は、どれだけ受け継がれてきているのだろうか。上記の不幸な虐待
事件は、幼児を取り巻く人間関係が依然として改善されていないことを示し
ているといえるだろう。我々はこうした現実を直視し、再度ルソーの幼児教
育論に立ち返り、幼児への温かい眼差しと教育的配慮の歴史的意義の重要性
を時代を超えて不断に再確認していく必要があるように思う。

引用・参考文献

　アリエス著、杉山光信他訳『〈子供〉の誕生－アンシャン・レジーム期の子供と
　　家族生活』みすず書房、1980年。
　浅井春夫・山野良一・川松亮・鈴木勲『子どものための児童相談所　児童虐待
　　と子どもへの政治の無関心を超えて』自治体研究社、2021年。

ショーター著、田中俊宏他訳『近代家族の形成』昭和堂、1987年。

杉山春『ルポ虐待－大阪二児置き去り死事件』ちくま新書、2013年。

ルソー著、今野一雄訳『エミール（上）・（中）・（下）』岩波文庫、1962年。（原文を参照し、改訳した箇所がある。）

バダンテール著、鈴木晶訳『母性という神話』筑摩書房、1991年。

ポルトマン、高木正孝訳『人間はどこまで動物か―新しい人間像のために』岩波新書、1961年。

第3章 「小1プロブレム」と幼児の規範意識

1 はじめに

　幼児が自己主張と自己抑制のバランスを調整し、自分と異なる他人を意識して集団の中で自己実現を図るためには、規範意識と道徳性を学んでいかなくてはならない。幼児は、幼稚園に入園する3歳から6歳にかけて、自立心や協同性、さらには社会生活の関わりを学んでいくが、その基底にあるものは、やはり自己の規範意識や道徳性の育成であろう。

　ところが近年、保育園、幼稚園、こども園等の就学前教育施設から小学校へと移行する年齢段階において、子どもが学校不適応を起こしてしまう「小1プロブレム」が問題になっている。この問題の特徴は、一度そのような問題が起こってしまうと、経験のあるベテラン教員が担当しても事態が改善せず、それがなかなか収まらないことである。

　本章では、幼児の規範意識の特徴をあらためて確認しながら、幼稚園教育要領における教育内容の中の「人間関係」の内容と、小学校学習指導要領における「特別の教科　道徳」との比較検討を行い、幼児教育から小学校教育へ引き継がれなければならない規範意識と道徳性の今日的課題を論究したい。先ず最初に小1プロブレムの実態から始めよう。

2 「小1プロブレム」とその要因

　小学校の第1学年のクラスにおいて、入学してから長期にわたり多くの児童の落ち着かない態度が続き、それがいつまでも解消することがない問題を小1プロブレムと呼ぶようになってから久しい。

その特徴は、「教員の話を聞かない」「指示に従わない」「授業中に勝手に立ち歩いたり、クラスを出て行ったりする」ような学校不適応的な行動によって授業規律が保てず、それが数か月以上も続くことである。

小学校1年生においてこのような問題が顕在化し始めたのは、1990年代半ば頃からであった。それ以前には「学級崩壊」という言葉も話題になったが、その違いは、それまでまとまっていたクラスが瓦解していくのが学級崩壊だとすると、小1プロブレムはそもそも小学校の入学当初からクラスがまとまらず、学級集団として成立もしない点にある。

一般に、こうした学校不適応的な行動の要因を家庭教育やしつけの問題と捉えしまう保護者も多いが、小1プロブレムの要因には就学前教育施設と小学校教育との量的・質的なギャップに起因することが大きいとも言われている。もちろん個々の子どもを取り巻く様々な環境要因の影響もあるだろうが、しかしその根底にあるのは、「遊び」中心の学びが多い就学前教育施設とは違って、小学校での学校生活は座学による「学習」が中心であり、そうした環境の違いについていけない幼児たちが数多くいる点であろう。

こうしたギャップを少しでも埋めていくためには、就学前教育施設においても、学びの自立、生活上の自立、精神的な自立等が行えるような教育を進めていくことが必要である。ただ、そのような教育を進めて行くためには、幼児の規範意識がどのような形で育まれるのかを確認しておく必要があるだろう。

3　幼児の規範意識形成の特質

(1) 個人と集団の規範意識の関係性

どのような集団であれ、個々人が集合体になればそこには自ずと様々なルールが必要になる。それは集団を維持していくために不可欠なものであり、個々人が行動する際に従うべき価値判断の基準となる「規範」が必要となる。

ただ規範は、予め所与のものとして集団にあるのではなく、その集団内の構成員によって作られるものであり、さらに新たな構成員が入ることによって不断に作り替えられていくものでもある。構成員は、既存の規範に従いながら、新しい規範の創造にも関わりながら集団社会に所属し、規範意識を形成させていく。

　ところが、個々人の規範意識が十分に形成されていない集団においては、個人の勝手な行動が誘発され、それが集団内の相互関係に軋轢を生みだし、集団としての統一を保てなくなる。就学前教育施設で、個々の幼児の規範意識の低い場合には、問題のある行動が続発し、生活の場面だけでなく、遊びの場面においても問題行動が起こるようになる。逆に、個々人の規範意識の高い集団においては、それが集団全体に反映され、それによってさらなる個々人の規範意識の向上へとフィードバックされるという好循環が生み出されていく。このような集団において、個々の幼児は安心して生活や遊びに打ち込むことができると言われている。

（2）幼児の自己制御機能の形成過程

　柏木は、幼児の内面性にある「自己主張」的側面と「自己抑制」的側面について論究している。自己主張は、「自分の欲求や意志」を明確に持ってこれを集団の中で「表現、主張し、また行動」として実現させようとする態度であり、自己抑制は集団や他者との関係性の中で、「自分の欲求や行動を抑制、制止する」態度であるとし、この両者をコントロールするのが自己制御力である。この自己制御力の育成は、個々の幼児の規範意識形成には不可欠なものである。なぜなら、個々の幼児の相互の自己制御力が、集団の規範意識の向上に生かされるからである。

　就学前教育施設の幼児は、人生において初めて家庭を離れて集団社会と接触し、それまである程度の自己要求が許容されてきた家庭環境から、時にはそれが容認されない集団社会環境へと入れられる。すなわち、自分の要求が

何でも認められてきた環境から、保育者や他の幼児たちとの関係性の中にある規範を意識し、自己の立ち位置を確認しながら生活する必要に迫られる。その時に必要とされるのが、自己制御力である。自己主張と自己抑制のバランスは、この自己制御力によってなされる。自己主張と自己抑制についてさらに触れておくと、自己主張とは、何の考えもなく大声を出したり、勝手な行動を行うことではなく、自分の要求や考えを明確に意思表示することである。他方自己抑制は、自分を押し殺して静かにしたり、無理に我慢するのではなく、周りの状況を見て適宜自分の行動を抑えられることを意味する。

　ただこの両者をコントロールする自己制御力は、単に一方と他方が互いに影響し合ってバランスをとるものではないという。近年の研究では、両者の片方が強いと他方が弱くなるということでなく、自己主張も自己抑制も強い幼児が、集団の規範に従いながらも思いやりのある行動ができることが確認されている。

　さらに、このような自己制御力は、幼児が集団社会の中で様々な経験や判断を求められていく中で形成されることも確認されている。ジレンマ状況場面での幼児の反応を見ることで、自己制御力の年齢別の発達状態を調査した鈴木によれば、幼児（被験者）が後から来た友だちにすべり台の順番を抜かされる場面を提示した時の自己主張と、先に砂場で遊んでいる友達のスコップの提供を拒否された時の自己抑制の選択には特徴的なものが見られるという。調査結果では、年少児（3歳）は抑制を拒否する衝動にかられやすいが、年中児（4歳）や年長児（5歳）では比較的安定した自己抑制力が身についていることが分かっている。一方、自己主張については、どの年齢でも自己主張の生起率に差がなかったという。このような結果から、自己主張は、単に自己抑制の反動として起こるのではなく、両者は互いに異なる欲求や衝動に基づいて分化して形成されることが分かっている。

（3）幼児の自己制御力と規範意識の関係

　先の調査からも分かるように、自己抑制が年少児の3歳ぐらいから5歳の年長児に至るまで一貫して伸び続けるのに比べて、自己主張はあまり変化しないという特徴がある。ただ、両者のそれぞれの構成によって形成される個々の幼児の自己制御力は、就学前教育施設である程度育成されていることが求められる。そうでないと小学校で必要とされる規範意識を育むことは難しいと言われている。

　文部科学省の旧『生徒指導提要』（2011年）には、「自己制御・感情抑制は個人差が大きいので、年齢とともに自動的にできるようになる」ものではなく、「教育的な活動を通して身に付けていく」ものであると指摘されている。そのため、就学前教育施設での教育活動と、小学校の低学年での教育活動の連携・接続が必要不可欠であろう。そのような連携・接続の重要性の指摘は、2022年に改訂された『生徒指導提要』にも引き継がれている。改訂版では、幼稚園・保育園・認定こども園（以下「幼保小」）と小学校の円滑な接続について協働することが指摘されており、幼保小の接続期における「スタートカリキュラム」の位置づけや役割が明らかにされている。ただ、ここでは幼稚園と小学校との連携・接続教育に限定して論究してみたい。

4　規範意識を育む幼稚園と小学校の連携・接続教育

（1）幼稚園教育要領における規範意識形成の教育内容

　2018年に改訂された幼稚園教育要領解説においても、「幼児期には、自我の芽生え、自己を表出することが中心の生活から、他者と関わり合う生活を通して、他者の存在を意識し、自己を抑制しようとする気持ちも生まれるようになり、自我の発達の基礎が築かれていく」として、自己の表出としての自己主張と、自己抑制の両者を調整する自己制御力の育成の時期であることが確認されている。この自己制御力の形成によって規範意識の育成が図られ

ることが、幼稚園教育要領では、いわゆる5つの教育内容領域（「健康」「人間関係」「環境」「言葉」「表現」）の中の「人間関係」の内容領域において見出すことができる。

　この「人間関係」の内容領域には以下に示すように13項目あるが、その中でも自己主張の育成に関連する内容項目は3つあり、自己抑制の育成に関連する内容内容は7つあり、両方の育成につながる内容項目は3つであると言ってよいだろう。以下項目別にまとめておきたい。

〈自己主張の育成に関連する内容項目〉

　②自分で考え、自分で行動する。

　③自分でできることは自分でする。

　④いろいろな遊びを楽しみながら物事をやり遂げようとする気持ちをもつ。

〈自己抑制の育成に関連する内容項目〉

　①先生や友達と共に過ごすことの喜びを味わう。

　⑦友達のよさに気付き、一緒に活動する楽しさを味わう。

　⑧友達と楽しく活動する中で、共通の目的を見いだし、工夫したり、協力したりなどする。

　⑨よいことや悪いことがあることに気付き、考えながら行動する。

　⑩友達との関わりを深め、思いやりをもつ。

　⑪友達と楽しく生活する中できまりの大切さに気付き、守ろうとする。

　⑫共同の遊具や用具を大切にし、皆で使う。

〈両方の育成につながる内容項目〉

　⑤友達と積極的に関わりながら喜びや悲しみを共感し合う。

　⑥自分の思ったことを相手に伝え、相手の思っていることに気付く。

　⑬高齢者をはじめ地域の人々など、自分の生活に関係の深いいろいろな人に親しみをもつ。

　幼稚園教育では、これら13項目の内容によって幼児の規範意識の土台が育まれることが求められているが、それは小学校の学校生活で必要な規律を守

り、主体的な学習意欲を高めるために不可欠なものである。

　(2) 小学校低学年における規範意識形成の教育内容との接続

　小学校に限らず学校教育の大きな特徴は、学校における教育目標達成に向けた体系的教育を組織的に行うことである。そのため児童には「学校教育を営む上で必要な規律」を守り、自ら進んで学習活動に取り組む意欲の向上が求められる。これは、教育基本法の第6条2項に示されているものだが、こうした規律を守るのに必要なのは、ある程度の規範意識が形成された幼児が、さらなる意識形成に向けた主体的な学びを展開して行くことであろう。その際に重要なのが、道徳教育活動である。

　2018年4月から小学校で全面実施されている「特別な教科　道徳」(以下、道徳科) は、長年の懸案であった「道徳の時間」の教科化であるが、道徳教育を、道徳科を「要」として学校の教育活動全体で行うものである。これは、他の教科教育のように、特定の時間だけで行われるのではなく、学校生活におけるすべての教育活動が、道徳性を育成する教育の〈場〉であることを意味している。このような教育課程上の位置づけは、幼稚園の園生活のあらゆる時間が道徳性の萌芽の教育機会と捉えられていることと似ている。

　ところで、先に挙げた13項目内容は、低学年の道徳科の内容項目とどのように関わっているのだろうか。ここでは、幼稚園教育要領の「人間関係」の項目と学習指導要領の道徳科の内容項目との継承関係についてまとめておきたい。

　先ず、「A 主として自分自身に関すること」の一番最初に掲げられているのが〔善悪の判断、自律、自由と責任〕の「よいことと悪いこととの区別をし、よいと思うことを進んで行うこと」であるが、この内容項目は、善悪の区別という自己主張と自己抑制の両方の育成につながるものである。そのため、幼稚園教育要領の自己主張的な規範意識の②と、自己抑制的な規範意識の⑨が土台となっていると言ってよい。続いて、〔希望と勇気、努力と強い

意志〕の「自分のやるべき勉強や仕事をしっかり行うこと」は、まさに自己主張の育成につながるもので、幼稚園教育要領の③と④の規範意識の形成が不可欠であろう。

　次の「B 主として人との関わりに関すること」の〔友情、信頼〕の「友達と仲よくし、助け合うこと」であるが、これは幼稚園教育要領におけるかなり広範な項目を習得しなければ意識形成が難しい項目である。自己主張と自己抑制の両方に関わる項目としての⑤と⑥が必要である。さらに自己抑制的な規範意識としては様々なものが求められ、⑦、⑩、⑪が必要である。

　「C 主として集団や社会との関わりに関すること」はどうだろうか。ここでの〔規則の尊重〕の「約束やきまりを守り、みんなが使う物を大切にすること」は、自己抑制的規範にあたるもので、幼稚園教育要領の項目⑧や⑫が必要となる。特に⑧については、共通の目的を見つけて相互に協力し合うことの大切さを感じ、行動することが求められる。さらに〔よりよい学校生活、集団生活の充実〕の「先生を敬愛し、学校の人々に親しんで、学級や学校の生活を楽しくすること」については、幼稚園教育要領の項目①のような自己抑制的規範の習得が求められる。また、〔家族愛、家庭生活の充実〕の「父母、祖父母を敬愛し、家族みんなで協力し合って楽しい家庭をつくること」には、項目⑬が対応し、高齢者をはじめとする「地域の人々」との交流を通して自己抑制的な規範意識を学ぶことが重要となる。

4　結語的考察

　子どもの規範意識の低下問題は、1990年代後半にメディアを通じて広がった「学級崩壊」問題以降、大きな教育課題となってきた。ただ、すでに指摘したように、小1プロブレムは、崩壊以前に学級のまとまりそのものが形成できない問題であって、学級集団それ自体が成立しない点で深刻度はより大きいと言えるだろう。

この小１プロブレムの解決のためには、本章でも取り上げたように、保幼小連携の組織的連携体制が欠かせない。特に幼稚園と小学校との連携強化は重要な課題である。そのため近年、小学校の生活科では「スタートカリキュラム」が重視されている。そのようなカリキュラム・マネジメントを考えていく際に必要なのは、幼児の自己制御力の育成に不可欠な自己主張と自己抑制の能力育成である。本章で論究したように、幼稚園教育要領と小学校学習指導要領を比較検討してみると、幼稚園で行われる様々な教育活動の成果を道徳科の学びへと継続的つなげることが可能であることが分かる。両教育施設が、そのことを意識してそれぞれの教育目標の実現に努力することは言うまでもないが、相互に連携を取りながら幼児の規範意識を育成していく必要がある。

　ただ、幼稚園教育要領と道徳科の学習指導要領の内容項目の比較からも分かるように、自己主張の伸びに期待する教育活動よりも、自己抑制的な規範意識形成を重視する教育活動が多いのも事実である。すでに指摘したように幼児の自己抑制力の育成は、３〜５歳に飛躍的に伸びることが様々な研究で明らかにされており、幼稚園だけではなく小学校においても集団生活に入る幼児にとって極めて重要な能力であることは分かっている。しかしながら、幼児の個々の個性を伸ばしていく教育よりも、一斉授業の形態で集団的行動を求める教育を重視する名残があるとすれば、小学校教育にも再考の余地があると思われる。

　学びの３要素に見られる、知識・技能の学びを土台として思考・判断・表現の活用力を重視する学力観を考えると、一律な知識の習得のために自己抑制を求める教育からの転換が求められており、それに呼応した自己制御力のあり方も考え直さなければならないように思う。今後保幼小連携の教育においては、集団生活における規範の維持を求めながら、個々の子どもの自立的活動を保障する学習活動の実現が課題となるだろう。

引用・参考文献

柏木恵子『幼児期における「自己」の発達―行動の自己制御機能を中心に―』東京大学出版会、1988年。

鈴木亜由美「幼児の自己調整機能の注意ならびに認知的メカニズム：自己制御と自己主張の二側面からの検討」『京都大学大学院教育学研究科紀要』第49巻（338〜249頁）、2003年。

ピアジェ著、大伴茂訳『臨床児童心理学 Ⅲ　児童道徳判断の発達』同文書院、1977年。

文部科学省『生徒指導提要』教育図書、2011年。

文部科学省『生徒指導提要』2022年（2022-12-06 Ver.1.0）。

文部科学省『幼稚園教育要領』2017年。

文部科学省『幼稚園教育要領解説』フレーベル館、2018年。

三浦光哉『5歳アプローチカリキュラムと小1スタートカリキュラム　小1プロブレムを予防する保幼小の接続カリキュラム』ジアース教育新社、2017年。

無藤隆代表：保育教諭養成課程研究会編『幼稚園教諭養成課程をどう構成するか〜モデルカリキュラム〜』萌文書林、2017年。

山村雅宏「幼児期の道徳性の芽生えと善悪の判断に関する研究)」『東京未来大学　科学研究費補助金　研究成果報告』2011年。

https://www.tokyomirai.ac.jp/research_report/essay/pdf/11-1.pdf（accessed2021.01.16.）

第4章　幼児の言語習得と幼稚園教育

1　はじめに

　近年の幼児を取り巻く「学び」の環境は、劇的に変容している。生まれた時からTVがあるのはもちろんだが、パソコンやタブレット端末等のデジタル機器に囲まれて生活している幼児も少なくないだろう。ただ、日常の生活環境がどれだけ変容したからといって、幼児の学びのあり方は、「教え」から始まるのではなく、「遊び」を通して行われることは言うまでもない。

　特に言葉の習得は家庭における「母親や主な養育者」（以下、母親と記す）との遊びを通じてなされることを忘れてはならない。さらに幼児の言葉の習得プロセスは、幼児が一人で習得するものではなく、幼児の周囲にいる様々な人とのかかわりを通じ、多様な相互コミュニケーションを介して獲得されていく。その習得のプロセスの基本的特徴を理解することは、幼児と言葉との関係を考える上で極めて重要である。

　ここでは、幼稚園教育における言語習得のあり方を考えるため、幼児の言葉の本質的意味を理解した上で、幼稚園での教育活動のあり方について論究したい。先ずは幼児期の言語習得の特質について明らかにしてみよう。

2　幼児の発達プロセスと言葉の習得

（1）人間と言葉

　人間は様々な刺激を受けながら、外界に対応していく。もちろん、人間以外の動物も多様な刺激に反応しながら行動していく。ただ人間に特徴的なのは、その多様な刺激に単に反応するだけではなく、個々の刺激を一まとまり

の意味のある「記号」として感じ取れる点にある。しかも自己と外界との関係や外界に存在する刺激の相互関係を組織化して意識に中に留め、それらの関係の背後にある法則性を理解しながら刺激に対応することができる点である。こうした法則的な理解ができるのは、人間が刺激を受ける対象について考えられるからである。さらに外界からの刺激を記号として読み取るだけではなく、読み取れたことを組み合わせて、自己の行為自体を他者に対する記号として表出できることも人間の特性である。こうした記号の表出の総体を「言葉」と定義づけることができる。

　さらに、言葉の定義の根本において重要なのは、言葉による表現には「共同性」と「個別性」が内包されている点である。共同性を有した言語表現とは、社会で共有された共通の言葉や共通法則で使用される文法により使われる言語表現であり、個別性を有した言語表現とは、同じ言葉を使いながらも個々の内的世界から独自に表出された言語表現を指すものである。このような言語表現の習得は、精神間機能から精神内機能への移行により可能となると指摘したのはヴィゴツキーであるが、特に幼児の場合には、この共同性と個別性が複雑に絡み合いながら言語習得がなされていくため、その発達のメカニズムを見ていくことは幼児期の言葉の特質を考えるためには重要である。

（2）乳児期の認知発達の特徴
　乳児期の幼児の言語運用力の差は、個人によって違いはあるとしても、言語習得のプロセスには共通性が見られると言われている。トマセロの指摘にもあるように、まだ言葉の話せない 8 か月までの幼児においては、母親への反応とそれとは別の対象への反応につながりはなく、基本的に 2 つの別々の物との関係でしか見ていない。例えば、「幼児が母親に抱かれて笑う」反応と、「動くおもちゃを見て笑う」反応は、別々であり、いわば「二項関係」にある。

　ところが、生後 9 か月頃を過ぎると、その関係性が劇的に変化する。トマ

セロは、それを「9か月革命」と呼んでいる。9か月過ぎた幼児は、母親の視線を追って対象を見る時に、母親がどのような考えで対象を見るのかに気づき、考えることができるようになる。大人ほどではないとしても、自分とは別の他者に強く反応する時には、その人は言動や表情を見て、どのような意図で反応しているのかが大まかに分かってくる。この関係性は「三項関係」と呼ばれている。例えば、動くおもちゃを幼児が見て、母親の方を見た後に再度そのおもちゃを見るようになると、それは幼児が「何か動いているよ」を母親に伝えようとしていると解釈できる。さらに母親が、「おもちゃが動いているね」と指さしたりすると、そのおもちゃを見た後に母親を振り返ったりする。ここでの関係性においては、母親と幼児が「共通の対象」を見て、両者が同じ対象の意味を共有する、すなわち三項関係が成立していることが分かる。

　三項関係においては、二つの重要な概念がある。それが、「共同注視」と「共同注意」である。前者は単に母親と一緒に対象をみることだが、後者は母親と一緒に一つの対象へ注意を向けることを意味する。例えば、5か月前の幼児でも母親の視線を追いながら対象を見たりすることはある。しかしこの場合、幼児の視線は、単に見ているだけの共同注視であり、母親の思惑を考えながら見ているわけではない。ところが9か月以降になると母親の視線を追いながら、母親がどのような意図を持ちながら見ているのか考えるようになる。すなわち共同注意を行えるようになる。幼児には、母親はどのような考えで対象を見ているのかとか、面白い動きをするおもちゃだからなのか、それともかわいい動きをするおもちゃだからなのかが自然と分かるようになる。これが共同注意である。こうした特別な概念を有した三項関係だが、この関係を理解することは、幼児が言語習得の重要な局面を迎えると言えるだろう。

（3）三項関係と言語習得

　幼児の三項関係の認識は、言葉を覚える時に極めて重要である。先の事例で見れば、母親が「おもちゃ動いてるね」と指さすことで、幼児は「これが動くおもちゃなのか」と認識できるようになるが、それは三項関係の認識があるから可能となるのである。

　幼児が三項関係の認識できるようになると、「社会的参照」という発達段階に入ることになると言われている。この社会的参照とは、母親の指示や表情から自己判断できる感覚を持つことである。例えば、沸騰したやかんを手で触ろうとする幼児に母親が強い注意を与えると、それに気づいて手を引っ込める場合等があげられよう。母親からの強い注意の声は、仮に言葉の意味がまだ分からない幼児でも、母親の声の強さや表情の切迫さから、そのやかんが危険な対象物だと理解することができる。

　仮に言葉が何一つ分からない幼児であっても、このような数多くの社会的参照を通して、使われる言葉の意味を選別しながら理解し、言葉を記号として把握して行くことができるようになっていく。そのメルクマールとなるのは、母親の視線や、声の強弱、顔の表情であり、それらの特徴を分類して把握し、その一つ一つが記号としての言葉であると認識していく。

　岡本が指摘するように、そうした認知機能によって、幼児が感じ取る表象（イメージ）を象徴（シンボル）に置換でき、象徴としての言葉を活用できるようになった時、幼児は言葉を使えるようになる。その際には、大人が幼児の認知している世界を言語化して、その世界を間主観的に共通理解してやることにより、大人は幼児と同じ象徴を認識する。一般的に、1歳前後で意味のある言葉を初語し、3歳前後には複数の言葉をつなげて文を話し、幼児同士の会話を成立させると言われている。

　ただ、幼児同士の相互コミュニケーションにおいては、それぞれが個々のイメージに基づいた象徴としての言葉を言い合うだけで、内容的に意味のかみ合わない会話も多い。そのような幼児同士の会話に、大人が介入すること

で、食い違いを整理したり、伝えられない気持ちを代弁し、会話の橋渡しをしていくことによって個々の言葉の理解度が飛躍的に促進する。幼児の言語習得の歩みを進めて行くためには、意味のある会話を成立させるための大人の支えが必要であり、その意味では人間関係が与える影響が極めて大きいと言われている。

4　幼児の言語習得を高める幼稚園教育のあり方

（1）私的領域の家庭から公的領域の幼稚園へ

家庭という私的な空間での言葉のやり取りに限定されていた幼児が、幼稚園等の保育の場に置かれると、様々な公的場面における言語活動が求められる。話し言葉中心であった言語活動は、書き言葉も入ったより複雑な様相を呈することになる。さらに自己表現が基本の会話から、保育者の話や様々な相手の話を最後まで聞く習慣や、現実的な言葉だけではなく、時には非現実的な場面を想定した話を理解する体験や経験が蓄積されていく。

さらにそうした体験や経験の中に、他の園児たちとの生き生きとした感情を共有できる要素が入っていれば、幼児はそれを表現したい欲求に駆られるし、そのような体験や経験を親に伝えたい欲求に駆られるようになる。幼稚園での様々な活動が強く印象に残った幼児は、それを逐一親に伝えようとすることは珍しくないし、こうした親への伝達が、幼児の言語能力を急激に高めていく。このように幼稚園での日常生活において、幼児は教師や他の園児たちとの関わり合いを急速に深めて行くことで言語活動が活発になり、自分の世界観を大幅に広げていく。

（2）幼稚園における言語習得のための教育活動

家庭と幼稚園という質的に異なる場を往復することで幼児の言語活動の幅が大きく広がるが、2018年の幼稚園教育要領解説では、そのような場で以下

に示すような諸点に注意した教育活動を行うことを求めている。

> ①言葉は、身近な人に親しみをもって接し、自分の感情や意志などを伝え、それに相手が応答し、その言葉を聞くことを通して次第に獲得されていくものであることを考慮して、幼児が教師や他の幼児と関わることにより心を動かされるような体験をし、言葉を交わす喜びを味わえるようにすること。

　先に指摘したように、幼児期の言語運用能力は、個人差が大きく、表現方法も自分中心なところがあると言われているが、その差は教師や他の幼児たちとのかかわりの中で、大きく変わっていく。そのため幼稚園での心動かされる体験や経験を自分で表現したり、他の幼児からの言葉がけや相互コミュニケーションを通して、幼児の心を開かせ、安心して会話ができるように「援助」することが重要である。解説によれば、そのためには、教師が幼児の言葉の発達や人的関係をよく理解しながら、「正しく分かりやすく、美しい言葉を使って幼児に語り掛け、言葉を交わす喜びや豊かな表現などを伝える」模範的役割を果たしていくことが求められる。

> ②幼児が自分の思いを言葉で伝えるとともに、教師や他の幼児などの話を興味をもって注意して聞くことを通して次第に話を理解するようになっていき、言葉による伝え合いができるようにすること。

　幼稚園生活の充実は、幼児の言語活動の活性化にもつながることは言うまでもない。特に自分の思いを言葉にできる楽しさを感じ始めることは重要である。というのも、それによって自分の思いが共感され、相手の思いも受け取れる楽しさや喜びを感じ取ることができるようになるからである。教師に求められるのは、「幼児の話やその背後にある思いを聞きとり、友達同士で自由に話せる環境を構成したり、幼児同士の心の交流が図られるように工夫したりすること」である。時に教師は幼児同士の相互理解が困難な場合には、状況に応じて教師が「仲立ち」することが重要であると言う。さらに幼児が皆で一緒にまとまった話を聞く機会を持つためには、幼児が集中して言語活

動に取り組めるように落ち着いた場の設定も重要である。

> ③絵本や物語などで、その内容と自分の経験とを結び付けたり、想像を巡らせ
> たりするなど、楽しみを十分に味わうことによって、次第に豊かなイメージを
> もち、言葉に対する感覚が養われるようにすること。

　９か月以降の幼児に三項関係が成立することはすでに指摘したが、特定の
対象を認識し、その認識を共有する能力は、３歳以降さらに質的に向上する
と言われている。それは、特定の対象への自己認識が他の幼児にも共有され
ているとの自覚が、自他ともにその対象を認識しているという間主観的理解
になるからである。そのために幼稚園の集団による絵本や物語などの「読み
聞かせ」活動は、単に幼児個々人の個別のイメージを広げ、象徴としての言
葉に対する豊かな感覚を高めるだけでなく、その場でしか得られない楽しさ
や喜びを共有する共同主観的な感覚を深めることができる。

　そのため教師は、絵本や物語を介して幼児との豊かな心の交流を行うだけ
ではなく、集団での読み聞かせ活動でしか得られない感性教育を行うように
心掛ける必要がある。

> ④幼児が生活の中で、言葉の響きやリズム、新しい言葉や表現などに触れ、こ
> れらを使う楽しさを味わえるようにすること。その際、絵本や物語に親しんだ
> り、言葉遊びなどをしたりすることを通して、言葉が豊かになるようにするこ
> と。

　幼児が言葉を使って自己表現していくためには、単に言葉を覚えさせるだ
けではなく、「日常生活の中で見たり、聞いたりしたこととそのときに聞い
た言葉を重ね合わせながら、意味あるものとして言葉に出会わせていくこ
と」が重要だと言われている。そもそも言葉という象徴は、それを体現する
様々なイメージが複層的に組み合わされて構成されている。一つの言葉には、
それを使う幼児の様々なイメージが織り込まれていると言ってよい。逆に言
えば幼児が思い描く様々なイメージが、一つの言葉に集約されているとも言

える。したがって言語習得には、見たり、聞いたりする多様な体験や経験を通して豊かな感受性を形成させることが不可欠である。

　そのために教師の教育活動には、幼児に様々な「言葉遊び」を楽しみ、親しませることが求められる。「リズミカルな節回しの手遊びや童謡を歌うことは、体でリズムを感じながらいろいろな言葉を使って表現する楽しさ」につながり、そうした遊びを通じて幼児は、豊かな感性を身に付けていくようになる。

> ⑤幼児が日常生活の中で、文字などを使いながら思ったことや考えたことを伝える喜びや楽しさを味わい、文字に対する興味や関心をもつようにすること。

　「文字」は、幼児の周りに日常的に存在する記号であり、早い段階から興味を持って文字を探したり、まねして書いてみようする場面はよく見られる。幼児は、遊びの中で、文字を「遊具」のように扱い、それを使って自己表現を試みることもある。さらに、先に指摘した幼稚園での絵本や物語の読み聞かせ活動を通して、文字を書く「喜び」や「楽しさ」に興味関心を持つ幼児は少なくない。

　そのため教師には、まず最初に文字を学習の対象として取り扱い直接指導するのではなく、まず幼児に沸き起こってくる「話したい」「表現したい」「伝えたい」感情を受け止める姿勢が大切である。そして、幼児が「日常生活の中で触れてきた文字を使うことで、文字を通して何らかの意味が伝わっていく面白さ楽しさが感じられるよう」にする指導を心掛けたい。

5　結語的考察

　冒頭でも指摘したように、幼児の学びのあり方、特に言葉を学ぶあり方は、教え込みから始まるのではなく、多様な局面における遊びを通して行われることが重要である。乳幼児期に形成される三項関係の理解は、母親との言語

を介さない自然な関係性の中で培われていくが、その関係性は自然な戯れを通してなされていくと考えれば、「教える」ではなくて、「遊び」が大切であることが分かる。それは、保育園や幼稚園等の教育活動においても同様であろう。言語や知識の習得を早い段階から行う、いわゆる早期教育では、幼児の直観を活用した文字習得力や計算能力の飛躍的向上を求めるものも少なくないが、幼児期に過剰に偏った学習刺激を与える教育効果についても多くの議論がある。

　本章で見てきたように、幼児の言語習得は、大人や教師が様々な指導を通し、多様な局面で言葉との関わりを深めることで育まれるものであり、決して速成的な学びを通して早期になされるものではない。むしろ保育の場面においては、多種多様な遊びを通してスローな学びを進めて行くことが重要であるように思う。

　高度な情報化が社会の隅々にまで浸透している今日においても、そうした社会認識が確固たるものになるまでは、幼児の言語習得は多様な相互コミュニケーションを通して行われると再確認する必要があるのではないだろうか。

引用・参考文献
ヴィゴツキー著、柴田義松訳『思考と言語　新訳版』新読書社、2001年。
岡本夏木『子どもとことば』岩波新書、1982年。
トマセロ著、辻幸夫他訳『ことばをつくる―言語習得の認知言語的アプローチ』
　慶應義塾大学出版会、2008年。
小西行郎『早期教育と脳』光文社新書、2004年。
ブルーナー著、寺田晃・本郷一夫訳『乳幼児のことば―コミュニケーションの
　学習―』新曜社、1988年。
文部科学省『幼稚園教育要領解説』フレーベル館、2018年。

第 2 部

教育制度と学校教育

第5章　公教育制度と学校経営の展開

　本章では、公教育制度の仕組みを社会的・制度的側面から分析し、学校教育の意義やその役割を明らかにする。日本の公教育制度は、明治維新以来欧米の高等教育制度や義務教育制度をモデルにしながら、近代化のための人材を広く育成する重要な役割を果たしてきた。こうした公教育制度の法的根拠や原理・原則を確認した上で、今日の学校がどのようにして機能しているのかを学校経営的側面からも論究したい。

1　公教育の法的根拠

　日本国憲法は、第26条第1項で「すべて国民は、法律の定めるところにより、その能力に応じて、ひとしく教育を受ける権利を有する。」と定め、国民の教育を受ける権利を保障している。ここに示された「その能力に応じて、ひとしく」とは、個々人の持つ多様な能力に応じた教育を受ける機会を、国や地方公共団体が法の下の平等（日本国憲法第14条第1項）に基づいて広く国民に保障するものと考えられる。さらに、第2項では「すべて国民は、法律の定めるところにより、その保護する子女に普通教育を受けさせる義務を負ふ。義務教育は、これを無償とする。」と定めている。第1項に規定された「教育を受ける権利」を、特に子どもに保障するため、その保護者に対して普通教育（全ての人々に必要かつ学ぶべきとされる一般的、基礎的な、職業的・専門的でない教育）を受けさせる義務を課している。子どもの多くは、自ら教育を受ける権利を行使することは難しく、どのような教育を受けるべきか等を選択、判断することも困難と考えられるからである。

また、教育基本法第5条第2項では、義務教育の目的として、「義務教育として行われる普通教育は、各個人の有する能力を伸ばしつつ社会において自立的に生きる基礎を培い、また、国家及び社会の形成者として必要とされる基本的な資質を養うことを目的として行われるものとする。」と規定されているように、国民が共通に身に付けるべき教育の基礎的部分を、だれもが等しく享受し得るように制度的に保障していると考えられる。

　このように、すべての国民に教育を受ける権利と教育の機会均等を保障するために、国や地方公共団体が責任をもって教育を実施する制度、施設設備、教育の内容等を、公教育と考えることができる。公教育は、学校教育や社会教育を含み、すべての国民の教育を受ける権利と機会均等を保障するため、国や地方公共団体が責任をもって関わる必要がある。教育基本法では、第16条第2項で、「国は、全国的な教育の機会均等と教育水準の維持向上を図るため、教育に関する施策を総合的に策定し、実施しなければならない。」、また、第3項では、「地方公共団体は、その地域における教育の振興を図るため、その実情に応じた教育に関する施策を策定し、実施しなければならない。」と規定している。

　公教育は、国民の教育を受ける権利の最小限の社会的保障であり、国や地方公共団体が教育の機会均等に関与し、国民の教育を受ける権利を保障するという公教育が果たす役割は重要である。

2　公教育の原理

　公教育については、市民革命期には私人、私的団体が行う教育に対して、国家、公共団体が行う教育と考えられ、19世紀以降は近代文明の社会的要求と国家繁栄の目的が相まって、国家権力が公教育制度を成立させるに至った。公教育に対して、家庭における教育や個人が行う教育は私教育であり、公教育の対概念である。

　歴史的、社会的背景によって形成されてきた公教育には、公開性、中立性、共益性など、いくつかの特徴が指摘できる。また、憲法が保障する国民の「教育を受ける権利」を確実にするため、その保護者に対し就学義務を負わせていること、および、義務教育を無償としていることから、「義務性」、「無償性」を特徴として挙げることができる。

（1）無償性の意義と内容

　憲法第26条は、国民が教育を受ける権利を持つとともに、保護する子女に教育を施す義務を持つこと、義務教育については無償とすることを明らかにした規定である。この義務教育無償の原則は、国民に子女の就学を義務付けていることに見合うものとして、国民が国公立の学校で受けることができる義務教育の無償を保障する意義を有すると考えられる。

　義務教育の無償の内容については、最高裁判決（1964年2月26日）で、これを国が子女の保護者がその子女に義務教育を受けさせるのに対してその対価を徴収しないことを定めたものであり、義務教育の無償とは授業料不徴収の意味であるとしている。

　教育基本法は第5条第4項で、「国又は地方公共団体の設置する学校における義務教育については、授業料を徴収しない。」と規定している。これは、義務教育無償の原則を具体的に示したものであり、義務教育の無償の内容を「授業料不徴収」と明確にし、また、無償の具体的な範囲を義務教育諸学校としている。教育基本法で規定している無償性は、国立と公立学校における授業料の不徴収であり、国公立学校に限定されているが、教科用図書については、「義務教育諸学校の教科用図書の無償措置に関する法律」により、国公立私立のすべての義務教育諸学校に適用されている。

　また、学校教育法第19条は、「経済的理由によって、就学困難と認められる学齢児童又は学齢生徒の保護者に対しては、市町村は、必要な援助を与えなければならない。」と就学援助義務を規定し、保護者の就学義務を確実に

することによって義務教育の円滑な実施を図っている。

　なお、授業料の無償は、公教育の必然ではなく、財政的判断及び就学普及の要請の帰結である。日本においては、当初から無償であったわけではなく、1900（明治33）年に改正された第3次小学校令で「市町村立尋常小学校ニ於テハ授業料ヲ徴収スルコトヲ得ス」と規定され、小学校の授業料が無償化されたことを契機に就学率は大幅に上昇した。

（2）中立性

　学校の中立性は、政治的側面と宗教的側面が主に考えられる。

　政治的中立性については、公教育が個人の人格の完成と国家社会の有為な形成者を育成する目的を持つものであって、特定の政治思想や勢力、党派的利害などに影響、左右されるべきではなく、学校はもちろん教育行政の政治的中立性が強く要請されている。教育基本法は第14条第1項で、「良識ある公民として必要な政治的教養は、教育上尊重されなければならない。」と規定し、政治的教養を身に付ける教育の必要性を認めている一方で、第2項で、「法律に定める学校は、特定の政党を支持し、又はこれに反対するための政治教育その他政治的活動をしてはならない。」と規定し、学校の党派的な政治的教育を禁止している。ここで「法律に定める学校」とは、学校教育法第1条に定める学校を指し（いわゆる一条校）、政治的中立性が国公私立の学校すべてに要請されていることに留意すべきである。また、「学校は」とは、「学校教育活動の主体としての学校は」の意であり、学校教育活動として行われる限り、学校内外を問わないとされる。

　現在、成年年齢が18歳に引き下げられ、高校3年生が成年に達する状況が生まれている。そのため、学校における政治的教養の学習の必要性が高まってきている。特に、選挙の際の投票に関する主権者教育などの必要性と未成年者取消権が行使できなくなる高校生年代の成年に対する消費者教育の重要性が指摘されている。

　なお、「義務教育諸学校における教育の政治的中立性の確保に関する臨時措置法」では、「何人も、教育を利用し、特定の政党その他の政治的団体（以下「特定の政党等」という。）の政治的勢力の伸長又は減退に資する目的をもつて、学校教育法に規定する学校の職員を主たる構成員とする団体（その団体を主たる構成員とする団体を含む。）の組織又は活動を利用し、義務教育諸学校に勤務する教育職員に対し、これらの者が、義務教育諸学校の児童又は生徒に対して、特定の政党等を支持させ、又はこれに反対させる教育を行うことを教唆し、又はせん動してはならない。」としている。また、公職選挙法でも、「教育者は、学校の児童、生徒及び学生に対する教育上の地位を利用して選挙運動をすることができない。」（第137条）と規定するなど、教員自身の中立性も求められている。

　宗教的中立性に関しては、憲法第20条第１項で「信教の自由は、何人に対してもこれを保障する。」、続く第３項では、「国及びその機関は、宗教教育その他いかなる宗教的活動もしてはならない。」と規定し、信教の自由を保障するとともに、政教分離の原則を明らかにしている。教育基本法第15条第１項では、「宗教に関する寛容の態度、宗教に関する一般的な教養及び宗教の社会生活における地位は、教育上尊重されなければならない。」として、宗教に関する一般的な教養は、政治的教養と同様に尊重するとしながらも、第２項では、「国及び地方公共団体が設置する学校は、特定の宗教のための宗教教育その他宗教的活動をしてはならない。」と、宗教教育その他宗教的活動を禁止している。なお、私立学校においては、宗教教育は自由になっている。

3　学校教育制度

　公教育を担う学校は、学校教育法第１条に規定された学校、即ち、学校とは、「幼稚園、小学校、中学校、義務教育学校、高等学校、中等教育学校、

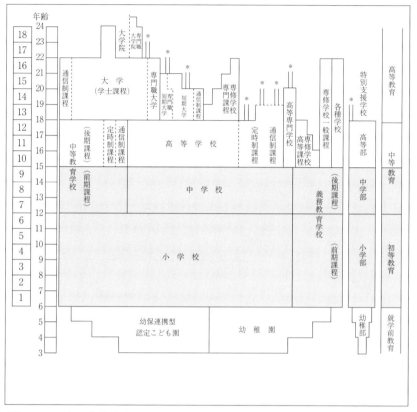

図5-1　日本の学校系統図　文部科学省「諸外国の教育統計」令和4（2022）年版

注
1．＊印は専攻科を示す。
2．高等学校、中等教育学校後期課程、大学、短期大学、特別支援学校高等部には修業
　　年限1年以上の別科を置くことができる。
3．幼保連携型認定こども園は、学校かつ児童福祉施設であり0～2歳児も入園するこ
　　とができる。
4．専修学校の一般課程と各種学校については年齢や入学資格を一律に定めていない。

特別支援学校、大学及び高等専門学校」の9種類に限られ、一条校とも呼ば
れる。

　このほか、「学校」と呼称される専門学校などは、一条校ではないが、一

定の条件を満たせば学校教育法上の専修学校や各種学校とされ、専修学校の
うち、高等課程を置く場合は高等専修学校、専門課程を置く場合は専門学校
と称することができる。

　このほか、防衛大学校などの省庁大学校や児童福祉法による保育所などは、
学校教育法第1条に規定される「学校」ではない。

　これら学校教育法第1条に規定される学校間関係を示した体系図が、学校
系統図である。

4　日本の学校体系の歴史的展開

　戦前の日本における学校体系は、1871（明治4）年の学制公布以降、近代
的な学校教育制度が発展してきたが、学制の学校制度の体系としては、小学、
中学、大学の3段階を基本とし、小学校の教育年限は8年で、上等小学、下
等小学各4年の学校となっていた。小学校は学校制度の基礎となる教育を施
す機関であって、すべての者が入学しなければならない学校としてつくられ
た。小学校には種別があり、基本的となる教育を施す尋常小学校のほかにも
様々な教育を行うことができる小学校が存在した。中学校も同様に小学校修
了者が学ぶ中学校のほかに実業教育のための中学校が存在した。このように、
明治以降、初等教育段階に国民共通の教育として小学校をおき、それ以降で
は学校系統を分岐型させる学校体系であった。

　戦後の学校体系は、1947（昭和22）年に教育基本法及び学校教育法の制定
によって小学校、中学校、高等学校、大学に整理され、現在のいわゆる、
6・3・3・4制の学校体系が形作られた。旧教育基本法（教育基本法は2006
年に改正されている）は、第4条で義務教育期間について、「国民は、その保
護する子女に、9年の普通教育を受けさせる義務を負う。」と規定し、戦前
は義務教育期間が小学校だけであったが、戦後は小学校と中学校の9年間が
義務教育とされた。中等教育の前期3年が義務制となり、すべての中学校で

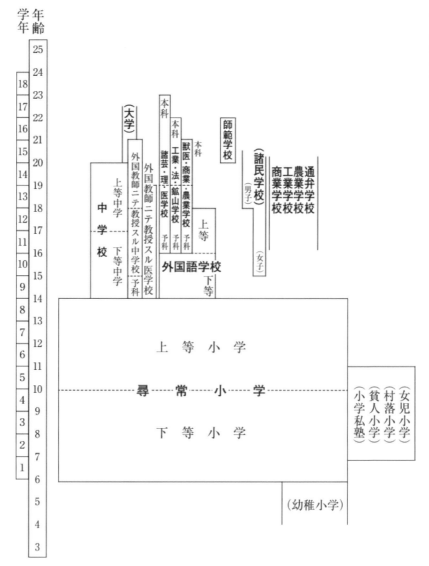

図 5-2　日本の学校系統図（明治 6 年　学制による制度）
（文科省「学制150年史　資料編」2022年）

職業分化のない普通教育を施すことにより国民基礎教育の向上と充実を図ったものである。また、中等教育の後期 3 年は単一の高等学校となり、学区制、男女共学制、総合制の三原則の方針で整備がすすめられた。なお、私立学校は三原則外におかれたため、男女別々の高等学校となったり、中学校と高等学校を併設するものが多かった。

　このように、新学制の理念である教育の機会均等が具体化されていったことにより、中等教育段階後期の高等学校は非義務制とされたものの、高等学校進学率は向上し、1950（昭和25）年には42.5％であったものが1965（昭和40）年には70.7％、1974（昭和49）年では初めて90％を超え90.8％になるなど、中等教育は後期段階まで普遍化していった。なお、2022年では、94.3％（通信制まで含めると98.8％）となっている。

　その後の動きとしては、中高一貫教育制度や小中一貫教育制度の創設が挙げられる。戦後の教育改革によって、小学校、中学校、高等学校、大学という単線型の学校制度が、前期中等教育段階から複線化する傾向を見せた。

　中高一貫教育は、従来の中学校・高等学校の制度に加えて，生徒や保護者が 6 年間の一貫した教育課程や学習環境の下で学ぶ機会をも選択できるようにすることにより，中等教育の一層の多様化を推進し，生徒一人一人の個性をより重視した教育の実現を目指すものとして，中教審答申（1997年 6 月）の提言を受けて，学校教育法が改正され、1999年 4 月から 6 年一貫の中等教育学校や併設型、連携型の中高一貫教育制度が創設された。併設型中高一貫校は設置者が同一で、一体的な 6 年一貫教育が志向されているのに対し、連携型中高一貫校は市町村立中学校と都道府県立高等学校が連携して教育を行う場合のように、設置者が同一とは限らない。

　小中一貫教育は、2015年の学校教育法改正により小中一貫教育が制度化され、2016年から 9 年一貫教育の義務教育学校などが創設された。小中一貫教育を初めて導入したのは、広島県呉市であり、2000年に文部省から研究開発学校の指定を受け、 3 小学校 1 中学校を統合しスタートした。導入の狙いは、

義務教育9年間を修了するにふさわしい学力と社会性の育成、中一ギャップの解消、自尊感情の向上とされた。その後、2003年の構造改革特別区域研究開発学校制度、2008年の教育課程特例校制度の創設により、全国で小中一貫校の導入が進み、各自治体の実践によって成果が明らかになったことを受けて、制度化されたものである。

5　学校経営の展開

(1) 教育の目的の実現

　公教育は、国や地方公共団体が責任をもってすべての国民に教育を受ける権利と教育の機会均等を保障するものである。そのため、全国どこの学校においても一定の教育水準の確保と教育を受けることができるように、国によって原則的・基本的な法制度が整備されておこなわれるが、その範囲内で都道府県や市町村の教育員会も独自の教育政策を計画し実施している。さらに、各学校では、校長のリーダーシップの下、学校の環境や実態を踏まえた個別的な学校経営が行われている。

　このように公教育は、目的と目標の連鎖的な教育法制の中で具体化されながら学校教育、社会教育などにおいて実施されている。

　例えば、学校教育に関しては、教育基本法→学校教育法→学校教育法施行規則→学習指導要領といった構造になっている。まず、教育基本法第1条で、「教育は、人格の完成を目指し、平和で民主的な国家及び社会の形成者として必要な資質を備えた心身ともに健康な国民の育成を期して行われなければならない。」と教育の目的が明記されていることを受けて、第2条では、「教育は、その目的を実現するため、学問の自由を尊重しつつ、次に掲げる目標を達成するよう行われるものとする。」とし、「1 幅広い知識と教養を身に付け、真理を求める態度を養い、豊かな情操と道徳心を培うとともに、健やかな身体を養うこと。2個人の価値を尊重して、その能力を伸ばし、創造性

を培い、自主及び自律の精神を養うとともに、職業及び生活との関連を重視し、勤労を重んずる態度を養うこと。3正義と責任、男女の平等、自他の敬愛と協力を重んずるとともに、公共の精神に基づき、主体的に社会の形成に参画し、その発展に寄与する態度を養うこと。4生命を尊び、自然を大切にし、環境の保全に寄与する態度を養うこと。5伝統と文化を尊重し、それらをはぐくんできた我が国と郷土を愛するとともに、他国を尊重し、国際社会の平和と発展に寄与する態度を養うこと。」と、具体的な教育の目標が示されている。

　さらに、第5条第2項では、「義務教育として行われる普通教育は、各個人の有する能力を伸ばしつつ社会において自立的に生きる基礎を培い、また、国家及び社会の形成者として必要とされる基本的な資質を養うことを目的として行われるものとする。」として、義務教育の目的を定めている。これを受けて、学校教育法第21条では、「義務教育として行われる普通教育は、教育基本法第5条第2項に規定する目的を実現するため、次に掲げる目標を達成するよう行われるものとする。1学校内外における社会的活動を促進し、自主、自律及び協同の精神、規範意識、公正な判断力並びに公共の精神に基づき主体的に社会の形成に参画し、その発展に寄与する態度を養うこと。2学校内外における自然体験活動を促進し、生命及び自然を尊重する精神並びに環境の保全に寄与する態度を養うこと。3我が国と郷土の現状と歴史について、正しい理解に導き、伝統と文化を尊重し、それらをはぐくんできた我が国と郷土を愛する態度を養うとともに、進んで外国の文化の理解を通じて、他国を尊重し、国際社会の平和と発展に寄与する態度を養うこと。4家族と家庭の役割、生活に必要な衣、食、住、情報、産業その他の事項について基礎的な理解と技能を養うこと。5読書に親しませ、生活に必要な国語を正しく理解し、使用する基礎的な能力を養うこと。6生活に必要な数量的な関係を正しく理解し、処理する基礎的な能力を養うこと。7生活にかかわる自然現象について、観察及び実験を通じて、科学的に理解し、処理する基礎的な

能力を養うこと。8健康、安全で幸福な生活のために必要な習慣を養うとともに、運動を通じて体力を養い、心身の調和的発達を図ること。9生活を明るく豊かにする音楽、美術、文芸その他の芸術について基礎的な理解と技能を養うこと。10職業についての基礎的な知識と技能、勤労を重んずる態度及び個性に応じて将来の進路を選択する能力を養うこと。」とし、具体的に学校がどのようにして教育の目的を実現していくかを規定している。

　では、学校はどのように義務教育の目的を実現していくのか、小学校を例に取り上げると、学校教育法は第29条で、「小学校は、心身の発達に応じて、義務教育として行われる普通教育のうち基礎的なものを施すことを目的とする。」として、小学校の目的を「基礎的なもの」とし、第30条第1項では、小学校の目標を「小学校における教育は、前条に規定する目的を実現するために必要な程度において第21条各号に掲げる目標を達成するよう行われるものとする。」、第2項では、「前項の場合においては、生涯にわたり学習する基盤が培われるよう、基礎的な知識及び技能を習得させるとともに、これらを活用して課題を解決するために必要な思考力、判断力、表現力その他の能力をはぐくみ、主体的に学習に取り組む態度を養うことに、特に意を用いなければならない。」とし、小学校における教育は「生涯にわたり学習する基盤」を培うため、「基礎的な知識・技能」、「思考力、判断力、表現力」、「主体的に取り組む態度」を育成するとしている。

　さらに、学校教育法第33条で、「小学校の教育課程に関する事項は、第29条及び第30条の規定に従い、文部科学大臣が定める」としていることを受けた学校教育法施行規則第50条第1項では、「小学校の教育課程は、国語、社会、算数、理科、生活、音楽、図画工作、家庭、体育及び外国語の各教科、特別の教科である道徳、外国語活動、総合的な学習の時間並びに特別活動によって編成するものとする。」と定め、小学校において行う教育の内容などを具体的に明示している。さらに、教科等の目標や内容などについては、学校教育法施行規則第52条で、「小学校の教育課程については、この節に定め

るもののほか、教育課程の基準として文部科学大臣が別に公示する小学校学習指導要領によるものとする。」としており、学校は学習指導要領に示された内容等に基づいて児童生徒の教育にあたる必要がある。

　このような重層的な構造を持つ教育の法制度は、公教育が全国どこの学校においても一定の教育水準と教育の質が確保できるようにし、国民の教育の機会均等を保障している。

（2）学校経営の展開

　学校では校長は、常にリーダーシップが求められ、様々な場面で権限とともに責任を持つ。学校の裁量権の拡大とともに校長には、学校づくりのビジョンや戦略の策定・実行力、それを実現する経営力やマネジメント、リーダーシップが求められる。

　学校教育法第37条4項は、「校長は、校務をつかさどり、所属職員を監督する。」と規定し、校長の職務は、校務をつかさどる「校務掌理権」、所属職員を監督する「所属職員監督権」の二つである。校長は、校務掌理権に基づき、校務分掌を決定し、教務主任等の各種主任を命じ、所属職員に職務を分掌させて学校の管理・運営を行っている。校務をつかさどるとは、校長の責任において校務を処理していくことであり、学校運営が組織的、効果的に行われるよう所属職員に分掌することである。校務の内容としては、教育内容、児童生徒、教職員、施設・設備、学校財務、外部との関係などである。さらに、校長は、所属職員監督権に基づき、職務上の監督とともに身分上の監督も行っている。監督するとは、所属職員の職務の遂行状況等を的確に把握し、必要に応じて指導、是正することである。

　校長は、学校の最高責任者として、国の法令、教育委員会の方針、規則等を受け、さらに自校の実態を踏まえたグランドデザインを描き、校務運営と職員組織の統率によって、教育の目的を最も適切かつ効果的に達成できる学校経営に努めている。

学校経営とは、学校が、各学校独自の学校教育目標を実現するために、教育課程を編成、実施し、人的、物的、地域等の教育資源を有効に活用して効果的な学校運営を行うことである。学校の使命は、公教育の目標を達成することであり、各学校においては独自に定める学校教育目標を達成する戦略であるグランドデザイン（学校経営計画）に基づいて様々な資源を活用し、校長のリーダーシップのもとPDCAサイクルを適切に活用しながら学校経営にあたることが求められる。学校は、グランドデザインを策定するにあたり、経営方針と重点目標を明確にして中・長期のビジョンを設定するが、法令や教育委員会の方針、子どもや学校の実態、地域の実情などを考慮して策定することが重要である。また、絶えず検証と評価及びアカウンタビリティを果たすことも求められる。

　従来、学校経営も公教育の観点から全国一律の運営や管理が求められていた。しかし、最近では、裁量権の拡大にともない、各学校の特色ある教育活動が推奨され、校長をリーダーとする学校の組織的教育活動が活発に行われている。その契機は、1998年中教審答申、「今後の地方教育行政の在り方について」であった。この答申では、学校の自主性・自律性の確立を意図して、校長のリーダーシップのもと、組織的・機動的な学校運営を求めていた。この答申を受けて、2000年に学校教育法施行規則が改正され、校長資格要件緩和、職員会議の位置づけ明確化、学校評議員制度導入が行われた。

　校長の資格要件は従来、教諭の専修免許状又は一種免許状（高等学校及び中等教育学校の校長にあっては、専修免許状）所持者で5年以上教育に関する職の経験がある者の中から登用されてきたが、2000年に改正された学校教育法施行規則第22条では、資格要件が緩和されて、教員免許状を有していなくとも、教育に関する職の経験がなくとも、「学校の運営上特に必要がある場合には」校長になれることとなった。いわゆる、民間人校長である。民間人校長には、学校経営に民間で培った経験や経営感覚を活かすことが期待された。

　校長に期待される、学校経営力、マネジメント能力を十分に生かすために

は、学校内での発言力や影響力、決定権限に関する強化も必要である。従来、職員会議は法令上位置づけされていなかったため、校長と教職員間の意思不統一や意見対立によって校長の職務の遂行に支障をきたす事例があったとされている。改正された学校教育法施行規則第48条では、職員会議は、「校長が主宰する」と明記され、その性格については「校長の職務の円滑な執行に資するため」とし、補助機関とされた。

　さらに、校長の経営判断や方針の参考に外部の者から意見を聴取するため、学校評議員制度が創設された。学校評議員は、職員以外の者で、校長の求めに応じ学校運営に関し意見を述べる制度であり、校長が地域や保護者などから学校運営に関する意見を聞くことによって、校長の適切な学校運営を支える仕組みである。

　その後の動きとしては、教育基本法が2006年に改正された趣旨を反映した教育改革が進行した。2007年の学校教育法改正で、組織としての学校の力を強化するため、「新しい職」として、副校長、主幹教諭、指導教諭を新設した。従来、教職員組織は「なべぶた型」組織と指摘されていたが、校長のリーダーシップの下、組織的・機動的な学校運営が行われるよう、校長を支え、補佐する新しい職を導入することによって、学校の組織運営体制や指導体制の充実を図り、学校組織力の向上を図った。さらに、学校評価制度が導入され、学校は、自己評価の実施、結果公表、学校設置者への結果報告義務などによって、自校の教育活動の状況や成果を明らかにし、教育水準の向上を図ることが求められた。さらに、学校は、保護者及び地域住民その他の関係者の理解を深めるとともに、連携協力を推進するため、学校の教育活動その他の学校運営の状況に関する情報を積極的に提供するなどの説明責任（アカウンタビリティ）を果たすことが求められた。

6　おわりに

　これまで見てきたように今日の公教育制度は、戦後日本国憲法、教育基本法、学校教育法等の一連の法律に基づいて構築され、民主的な学校教育を実現させるための一定の役割を果たしてきたと言ってよいだろう。ただ、昨今の高度情報化社会の到来と、グローバル化した価値多元社会の広がりの中では、その社会的役割を大きく変えつつあることは間違いないであろう。

　これまで培われてきた公教育制度を、社会の変革に合わせて根本的に作り変えていくことは現実的ではないとしても、その制度的な土台を生かしながらも、学校教育を時代の要請とニーズに合わせて柔軟に運用して行くことは重要である。そのためには校長のリーダーシップの下で教職員の多様な組織的連携・協力を通して学級経営を常にリニューアルしながら、時代の変化に対応していく必要があるだろう。

　予測困難な社会に生きる子どもたちの教育を充実発展させるため、強化された権限や学校組織を十分に生かしながら、また、地域の実情、保護者や地域の関係者の意見を踏まえ、教育目標の達成に向けて学校経営に取組むことが求められている。

引用・参考文献
　加藤崇英・臼井智美編『教育の制度と学校マネジメント』時事通信社、2018年。
　佐喜本愛、小川哲哉、勝山吉章『歴史に学ぶ日本の教育』青簡舎、2017年。
　佐藤環編著『日本の教育史』あいり出版、2013年。
　広岡義之・林泰成・貝塚茂樹監修、藤田祐介編『学校の制度と経営』ミネルヴァ書房、2021年。
　文部科学省『学制150周年史』2022年。
　（https://www.mext.go.jp/b_menu/hakusho/1420041_00011.htm）

第6章　教職の社会的意義と学校教育

1　問題の所在

　明治以来、わが国の学校教育は、その時々の政治、経済、文化の発展に寄与する人材を育成するために大きな役割を果たしてきた。そのため学校は、時の政財界や時代の多様な影響を受けながら、時代の変革を担う人材を輩出するための教育機関であったと言ってよいが、そうした役割をもった機関であるがゆえに、教育を担う教師のあり方や、教師の資質・能力の育成方法は時代の影響を免れることはできなかった。そこに問題の所在があると考えるので、本章では、個々の時代における教師像と教職に社会的意味や内包する課題について論究してみたい。

2　明治期以降の戦前教育の教師像

（1）近代教育制度の成立

　わが国の明治期以降の近代教育の展開を考える時、江戸時代の教育的営為の影響は極めて大きなものがある。明治期以降、学校教育制度を広範囲に、しかも急速に構築できたのは、江戸時代に培われたものが土台としてあったと言えるだろう。寺子屋等は、子どもたちへ強い教育的熱情を持った師匠と呼ばれた師の下で、全国に2万か所に設置されていたし、藩校や私塾等の教育活動のレベルは高いものがあったと言われている。ただ、それらの諸施設の運営は、諸藩の個別の文教政策の枠内に限られ、共同体への帰属意識は高めるものの、国家的な統一感を欠いたものであり、中央集権的な国家形成を急ぐ明治政府にとっては、越えなければならない課題ともなった。

明治政府が進めた国家の一大事業として近代教育制度の構築があげられる。その代表的なものとしては、やはり1872年（明治5年）の「学制」の公布をあげる必要があるだろう。特に8年間の教育年限（下等小学校、上等小学校4年ずつ）が設けられ、義務教育制度が始まったことは重要である。学制の序文に当たる太政官布告学制「被仰出書」によれば、その理念は、封建時代の儒教的為政者教育の理念を否定し、四民平等の原則にたち「邑に不学の戸なく家に不学の人なからしめんことを期す」であり、個人主義、実学主義を教育の根本原理としている。

　さらに、その目的を「人々自ら其身を立て其産を治め其業を昌にして以て其生を遂る」こととし、全ての国民に自立する能力を養うための、実学教育を進めると共に、学校教育を国家の使命としたことである。

　また、被仰出書においては、このように新しく全国に学校を設立する主旨と学校で学ぶ学問の意義が説かれ、全国民を対象とする学校制度であることを強調している。ちなみにこの学制は109章からなり、「大中小学区ノ事」「学校ノ事」「教員ノ事」「生徒及試業ノ事」「海外留学生規則ノ事」「学費ノ事」の6項目を規定している。一方で、学校設立経費の負担や西洋教育を模倣した教育内容など、全国画一的な学制の実施に対する批判などが高まったことにより、明治12年に教育令が公布され、学制は廃止されている。いずれにしても学制の公布は、明治政府が日本の近代化にとって、教育が果たすべき役割がいかに重要であるのかを認識していたことの証左である。

　近代国家としてのわが国が、義務教育制度を導入した背景には、当時明治政府が推し進めていた、西欧列強諸国に追いつき追い越すための「富国強兵」と「殖産興業」及び中央集権国家の安定が有形無形に関わっている。これまでの、共同体への帰属意識から、天皇を中心とする国家への帰属意識を高めること、そのために経済と軍事を発展させ国を強くすることで、当時勢力を伸ばしていた欧米諸国に対抗しようとしたのである。そのために、国民に教育を施すことが重要だと考えたのである。これは、まさに国家戦略に教

育が組み込まれた瞬間でもあった。国家戦略に組み込まれたことも、後々課題となるが、それにも増して当時の喫緊の課題として、国家戦略を実現させるために、質の高い教員養成教育が急務となった。

（2）師範学校教員の資質・能力

初代文部大臣森有礼は、その課題に答えるべく1886年（明治19年）に師範学校令を公布させた。これが、わが国の近代的な教員養成制度の始まりである。その際に模範とされたのが、寺子屋の師匠のような教師像であったと言われている。師範学校令の第1条には、師範学校の教師に必要な資質として「順良・信愛・威重」の重要性が記されており、全寮制で規律を重視するとともに、兵式体操を取り入れ、児童生徒の集団行動の育成を重視する養成教育が目指された。こうした森の教師教育によって、児童生徒の模範となり、品行方正で、国家発展のために献身的に尽力する教師が養成された。特に小学校教員には、皇道主義を信奉し、国家権力に従順で、天皇制の維持のために奉仕する「聖職者」としての社会的役割が付与されていた。こうした教員から教えられたことにより、国民は国家に従順で、国家のためなら命も賭す心情形成が育成された。ある意味、政府が先導した教育により、国民全体が不幸な戦争へ導かれ、多数の犠牲を出したとも言えるし、それが戦後の教育へ大きな影響を与えているともいえる。

3　戦後期から1960年代までの教師像

（1）戦後の教育改革の経緯

昭和22年（1947年）に公布された日本国憲法、教育基本法では教育の根本理念が示され、学校教育法によって教育制度が法律によって規定された。それにより学習内容や修業年限が、全国どこにおいても共通である小学校6年、中学校3年、高校3年、大学4年の六・三・三・四制が導入された。こうし

た戦後教育改革は、連合国軍最高司令官総司令部（以下、GHQ）の指導下で行われたが、GHQ によって主導実施された四大教育指令（日本教育制度の管理、教職追放令、神道指令、修身・国史・地理の停止）は、わが国の文教政策を根本的に変えたと言ってよい。

さらに、教育委員会制度や単線型学校制度などは、アメリカの制度に倣ったものであり、「民主的な教育制度の確立」と「全ての子どもたちに対する教育の機会均等」が、理念として存在したのである。戦前は家業があり、学校に通学させると働き手を失うことや、受益者負担の原則である授業料、そして分岐型学校制度など、一般庶民が子弟を学校に通わせるには、ハードルがあまりにも高いものであった。そのため前述の教育基本法において、中学校の義務教育の無償化が決定され、小学校・中学校の９年間にわたる教育の義務教育化が進むとともに、その無償化が決まったのも戦後のことである。さらにこの単線型学校制度の導入（義務教育９年）と授業料・教材費無料の結果、就学率のほぼ100％が達成されたのである。まさに、税金を投入して教育を行うという公教育が、義務教育の制度化として確立されたといえる。このことが、教職の社会的な意味を考えるうえで、義務教育に係る費用は国が負担することと、その制度設計の凡そは、国が示すという基礎が確立された。

（2）労働者としての教師像

国家の指導下にあり、従順であることを強いられ戦前の教師とは異なり、戦後の教師像の新しいタイプとして重要なのは、労働者としての教師のあり方である。日本国憲法第28条で保障されている労働三権は、教師にも適用され、労働者としての教師には様々な権利が認められた。

このような教師のあり方が認められることによって、聖職者の立ち振る舞いを崩さず、国家主義や軍国主義を是認し、国家にとって従順な下僕のような教師像が否定され、労働者としての権利を正当に認められる社会的な位置

づけが教師に認められた。かくして教師は、民主的な社会構築や、平等観に基づいた社会参画を積極的に進めていく存在として広く認知されるようになった。そのため教師像をめぐる論争においては、聖職者のイメージを一方的に押し付けられることに対する批判が展開された。しかしながら、他方で教育的使命感や責任感、教育愛による指導の重要性を重視する立場からの反批判も根強く、1960年代には理想の教師像をめぐる論争が続けられた。

4　高度成長期の教師像の変遷

(1) 高度経済成長期における教師像をめぐる問題

　教師は聖職者なのか、労働者なのかの論争は、教職の社会的意味を考える時に重要である。ただこの種の論争では、理想の教師像に関する二項対立的状況から抜け出すことができず、その論争からは有益な成果がもたらされたとは言い難い。特に1960年代は政治闘争を土台とする労働運動も活発であり、二つの理想像の歩みよりは容易ではなかったと言われている。

　さらに、1950年代半ばから始まる好景気に支えられ、年平均10%以上の経済成長が続いた高度経済成長期には、多くの企業が大量の労働者を必要とし、高い労働賃金が維持されたため、教職に対する魅力が大きく半減した時期でもあった。それは教職に対する社会的な意義が大きく下げられたことを意味した。　そのため、「デモシカ教師」という言葉も使われるようになる。これは、一節には、好景気の企業に就職できなかった若者たちの間で、仕方なく「教師でもなるか」「教師しかなれない」という表現というものがあり、もう一つには、「デモばかりしている」という、いずれにしても教師に対する揶揄がこめられている。それほど、教職に対する意識が低くなったともいえる。

(2) 専門職としての教師像の台頭

　ILO（国際労働機関）とユネスコ（国際連合教育科学文化機関）が、1966年に

提出した勧告書「教員の地位に関する勧告」は、聖職者 VS 労働者という二項対立論争に終止符を打った重要なものである。

　その内容は、教職の社会的意義を、かなり広い範囲で説明されているが、注目されるのは「教育の仕事は専門職と見なされるべきである。この職業は難しい、継続的な研究を経て獲得され、維持される専門的知識及び特別な技術を教員に要求する公共的業務の一種である」と指摘したことである。この勧告によって、教師像をめぐる不毛な対立は乗り越えられ、教職が専門性の高い専門職であると認知されたと言われている。

　ちなみに、わが国おいては1971年（昭和46年）の中央教育審議会（以下、中教審）から出された「教員の養成確保とその地位のための施策」では、教職を専門職と見なす指摘がいち早く紹介されている。

5　1970年後半から現代までの教師像

（1）高度経済成長の影響とその歪み

　高度経済成長期に、人々の生活水準が高まったことで、国民の価値観が、それまで国民が共有してきた価値観と少しずつ変わり、それに伴いそれぞれの個人が求めるものに依存するよう多様化した。そのため、従来の教育では対応できない校内暴力や登校拒否、そしていじめなどの諸課題が明らかになってきた。学校・教職員の質の改善充実を図り向上させて、それらの諸課題に応えていこうとしたのも、これまでの教育制度の成り立ちを考えると当然の結果である。児童生徒を学校という場で教育することで、この社会問題化しつつあった諸課題に対応しようとしたのである。学校が全て責任を負うという意識が、国民全体及び教師に共有されたともいえる。ここにも後々課題となることが萌芽しているといえる。

　一方で、高等教育への進学の希望者増は、受験による選別機能をより明確にした。そのため、各学校は、より偏差値が高い（人気がある）学校（中学校

は高等学校へ、高等学校は大学へ）への合格者数や合格率を競うようになり、当然、それらの学校では、効率の良い指導方法を編みだし、過度の知識偏重、詰め込み主義的な学習が行われる素地ができあがっていった。いわば後年、その振り戻しとして出てきたのが「ゆとり教育」であり、高等教育への進学熱が高まってきたことを証明する形で、早くも1976年には「ゆとりある学校生活」が言及されたのである。このことは、教育こそ理想実現に欠くことのできないものであり、理想とする社会の実現のためには、教育こそ、それを支える根幹であることを物語っているといえよう。

(2) ゆとり教育と教師の役割

「ゆとり教育」という言葉が、教育界を席捲していた1980年から2008年までの、いわゆる「ゆとり教育」の期間は、学習指導要領の改訂に合わせると次の三つに分けることができる。

まずは1980年度（昭和55年）のゆとり教育である。その時代は、「自ら考え正しく判断できる力をもつ児童生徒の育成」や「道徳教育や体育を一層重視する」こと、「カリキュラムの精査や授業時間の削減する」ことが行われた。また次の学習指導要領の改訂1992年度（平成元年）における「ゆとり教育」では「社会の変化に自ら対応できる心豊かな人間の育成」や「個性を生かす教育を充実させ、幼稚園教育や中学校教育と一貫性のある教育」を目指すこと、「学ぶことの楽しさや成就感を体得させ、自ら学ぶ意欲を育てるため体験的な学習や問題解決的な学習を重視する」ことが目指された。さらに次の学習指導要領の改訂2002年度（平成14年）における「ゆとり教育」では、「自ら学び自ら考える力などの生きる力を育む」ことや「年間授業時数の縮減（年間70単位時間）」及び「学校完全週5日制」などが盛り込まれた。ゆとり教育と一口に言っても、時代により多少差があった。「自ら」がどの年代でも重要視されていることから、当時の子どもたちは、学習に対して受け身で自分の考えを表現することが苦手だったとも言える。この路線は、現代にあ

っても同様といえるかもしれない。世間が、この「ゆとり教育」に期待を寄せたのは、それまで実施されていた詰め込み型教育では、学習内容についていけない生徒が多かったことがあげられる。そのため、当初のゆとり教育の基本的な方針としては、「個性重視の原則」、「生涯学習体系への移行」、「国際化、情報化などの変化への対応」などがあげられていた。また、それまでの教育では対応しきれなかった不登校やいじめに加え、新たな問題となって顕在化してきた少年非行や落ちこぼれ、児童生徒の自殺などの社会的課題に対する対抗措置としての役割も期待されていた。まさに学校に、これまで以上に社会で起きている課題についても、学校教育によって改善を促すこと、学校に対する期待が、より大きくなったことが明確になってきたといえる。学校教育のこのような状況に対応するためには、教師の専門的力量の向上は避けて通れない問題となり、教職はより現代的な意味で専門的職業と見なされ、そのための資質・能力の向上が重要な教育課題となった。

（3）教師の「実践的指導力」向上を目指す教員養成政策

　校内暴力、いじめ、不登校問題など、1970年代末以降の学校教育においては多様な教育病理現象が社会問題となった。このような諸問題に対処するための文教政策としては、1978年(昭和53年)の中教審答申「教員の資質能力の向上について」が出され、1987年（昭和62年）には教師の「実践的指導力」には教育者としての使命感を土台として、教科等の専門的知識だけではなく、深い人間理解や教育的愛情の必要性が指摘された。

　こうした一連の教員養成政策が集約される形で、1997年（平成9年）には、教育職員養成審議会答申「新たな時代に向けた教員養成の改善方策について」が出され、新たな専門的職業としての教職のあり方が提示された。より具体的には、教員に求められている資質能力として①「いつの時代も教員に求められる資質能力」を「不易」とし、②「今後特に教員に求められる具体的資質能力」を「流行」として、二つの重要な資質能力が、これからの教師

に不可欠であることが指摘された。さらに2006年（平成18年）の中教審答申「今後の教員養成・免許制度の在り方について」では、この変化の激しい時代においては、教師が不断に新しい専門的知識や指導技術を習得する必要性が強調され、「学び続ける教師」の重要性が指摘された。

　このように教師が不断に学び続けることは重要であり、多様な教育問題や教育病理現象に対応することは教師が専門職である以上必要不可欠なことであろう。しかしながら近年、このような教員養成政策の限界性が問題になっている。確かに個々の教員の資質能力を高めることは必要であるが、一人の教師が対処できる問題解決には自ずと限界があることに注意を向ける必要がある。ひとり一人の教師ができることは限られており、無理に問題解決を図ることが、誠実で真面目な教師のバーンアウトを生み出している現実に目を向ける必要があるだろう。

　2015年（平成27年）に出された中教審答申「これからの学校教育を担う教員の資質能力の向上について〜学び合い、高め合う教員コミュニティの構築に向けて〜」では、今後も改めて教師が「高度専門職業人」して学び続ける教師像の必要性が強調されているが、もう一つの答申「チームとしての学校の在り方と今後の推進方策について」では、多様な教育問題に多くの教員が相互に協力し合っていわば「チーム」として対処することの重要性が指摘されており、今後の教師の在り方の方向性を示したものとして注目される。

6　結語的考察 ―今後の方向性―

　すでに見てきたように、学校教育はそれぞれの時代の様々な政治、経済、文化の影響を受けながら展開されてきた。その意味で、教師像と教職の在り方は、個々の時代の影響を免れることはできない。児童生徒への強い教育的熱情を基盤とする聖職者的教師像も、戦後の労働者的教師像も、時代の影響を色濃く受けてきたと言ってよいだろう。もちろん、これらの教師像が全面

的に否定されることはないだろうし、今日両者の一方を二者択一的な選ぶような考え方も現実的ではないだろう。本章で指摘したように、むしろ近年の文教政策を確認すれば、教職は専門職的視点から見ていくことが妥当であることが確認できるし、個々の教師に高い資質能力を育成し、多様な教育問題に個別に対応させるのではなく、チームとして対応することの重要性が指摘されている。教師は互いに連携・支援し合って問題解決を図ることが強く求められている。

　これからの時代は、「令和の日本型学校教育」の構築を目指して（令和 3 年 1 月26日　中央教育審議会答申）で示されたように、「人工知能（AI）、ビッグデータ、Internet of Things（IoT）、ロボティクス等の先端技術が高度化してあらゆる産業や社会生活に取り入れられた Society5.0 時代が到来しつつあり、社会の在り方そのものがこれまでとは「非連続」と言えるほど劇的に変わる状況」が生じている、まさに、これまでのような予定調和的な時代から、予測困難な時代を迎えており、それをある意味可視化したのが、今回の新型コロナウイルス感染症である。この感染症による人類への警告ともいうべきことは、これからも起こりうる予測不可能なことである。私たち一人一人、そして社会全体が、未来を担う子どもたちが、答えのない問いにどう立ち向かうのかが問われているともいえる。目の前の事象から解決すべき課題を見いだし、主体的に考え、多様な立場の者が協働的に議論し、正解でなくても誰もが納得できる解、そのときの最適解を生み出すことなどが教育に求められることである。これまで、わが国が子どもたちに求めてきた誰よりも早く一つの解答にたどり着くことから、生涯にわたって使える資質・能力を身に付けさせる指導が、教育に一層強く求められているといえる。わが国の教師は、これまで子どもたちの主体的な学びや、学級やグループの中での協働的な学びの場面を意図的に展開することによって、自立した個人の育成に貢献してきた。その一方で、前述したようにわが国の経済発展を支えるために、「みんなと同じことができる」「言われたことを言われたとおりにでき

る」というような上質で均質な性質をもつ優秀な労働者の育成が、高度経済成長期までの社会の要請として学校教育に求められてきた。当然、その中では、「正解（知識）の暗記」の比重が大きくなり、「自ら課題を見つけ、それを解決する力」を育成するため、他者と協働し、自ら考え抜く学びを展開する場面が十分構築されていなかったともいえる。

　わが国における教職の社会的意味を考えたとき、これまでのように予定調和的に社会の要請に応えるだけではなく、予測が困難な時代である、だからこそ、子どもたちがそのような世界で生きるという視点だけでなく、より良い社会を新たに構築するという視点に立って、そのために求められる資質や能力を、子どもたちに身に付けさせる必要があると考えるだけなく、子どもたちが大人になって、理想の社会を実現させるという視点に立つ必要がある。その理想の社会においては、多様性を尊重しあいながら、誰もが自立し幸福な人生を歩めるようにするためには、という視点を子どもたち一人一人が持てるよう教師が指導する必要があり、それこそ教職の社会的意味である。

引用・参考文献

小川哲哉・佐喜本愛・松本和寿・勝山吉章『日本の教育の歴史を知る』青簡舎、2012年。

志水宏吉『一人称の教育社会学　学校にできること』角川選書、2010年。

髙木展郎・三浦修一・白井達夫『チーム学校を創る』三省堂、2015年。

合田哲雄『学習指導要領の読み方・活かし方』教育開発研究所、2019年。

第7章　教員に求められる資質能力と役割

1　問題の所在

　これから子どもたちが生きていく時代は、これまで以上に予測がつかない、絶えず変化する社会が訪れるであろうと言われている。このことは、「『令和の日本型学校教育』の構築を目指して〜全ての子供たちの可能性を引き出す、個別最適な学びと、協働的な学びの実現〜」（2021年（令和3年）1月26日中央教育審議会。以下「令和3年答申」という。）にも「中央人工知能（AI）、ビッグデータ、Internet of Things（IoT）、ロボティクス等の先端技術が高度化してあらゆる産業や社会生活に取り入れられたSociety5.0時代が到来しつつあり、社会の在り方そのものがこれまでとは「非連続」と言えるほど劇的に変わる状況が生じつつある。」とされている。さらに、学習指導要領の改訂に関しても「幼稚園、小学校、中学校、高等学校及び特別支援学校の学習指導要領等の改善及び必要な方策等について（答申）」（2016年（平成28年）12月21日中央教育審議会。以下「平成28年答申」という。）では、「社会の変化が加速度を増し、複雑で予測困難となってきていること」が指摘されているが、今般の新型コロナウイルス感染症の世界的な感染拡大は、答申の文言が具体的なイメージとして、我々に「予測が困難時代」とはどのようなものかを可視化し、より現実味を帯びさせたものとなった。

　そのような状況であるからこそ、教師に対しては、高い専門性や、子どもたちへの教育的情熱を持った指導力、さらに人間味あふれる感性が求められるであろう。それにこたえることが、学校教育への信頼を確立するうえでも重要であるといえる。学校教育を支えるものは、学校で日々指導に当たる教師個々の資質能力であり、その資質能力は時代とともに変化し、常により高

次なものが求められている。そして、こうした変化の激しい時代だからこそ、教師に求められる資質能力を、教員養成時から教員採用後も連続的に計画的に、確実に身に付けさせることの重要性が高まっている。特に教員養成の前段階は、教師に必要とされる資質能力を獲得する基盤を作るうえで、これまで以上に重要になってくると思われる。近年若者の間では、教員の勤務時間が膨大であること、それに見合うだけの報酬など、労働環境や待遇の面などで教職に就くことを嫌う者が増えており、教師志望者は減少傾向にある。

　変化の激しい時代に柔軟に対応しながら、教職に対する使命感を堅持し、なおかつそのような教師を育成する養成方法に問題の所在の一端が見え隠れしている。さらに、これまでいじめや不登校など様々な課題が生じてくると、学校がその課題解決に対応し解決することが求められてきた。その一つ一つに高い専門性が求められ、教師への負担が増えているのも課題となっている。

　このような状況において、教員が身に付けるべき資質・能力とはどのようなことなのであろうか。各都道府県が、教員採用にあたって、望ましい教師像などを示しているが、そのために養成段階に行うべきことを再考するときにきていると考える。本章では、学校が果たすべき課題を精選することと、それに対応するために求められる資質・能力について論究していく。

2　学校が果たすべき教育課題

　どの時代においても学校教育の使命は、子どもたちが成長し、大人になって社会の構成員として、それぞれの立場で社会に参画し、その場所で自分の役割を理解し、それを果たすために必要とされる諸能力を身に付けさせることに求められてきた。

　近年、知識基盤社会の到来とともに、グローバル化、情報化、少子化、高齢化、多様化等が、急速に進展している。このような状況を考えると。社会変革への対応が急務であるように思われる。しかし、対応するということは、

課題が生じたときに対応策を考えるという後手を踏むことにならないだろうか。これまで、各学校種において、様々な課題が生まれ、それぞれをモグラたたきのように潰してきた、いや潰そうとしてきたというのが正解かもしれない。学校教育は、未来を担う人財育成を掲げながら、目の前の課題対応に右往左往していたともいえるかもしれない。例えば、不登校の問題もその一つである。未だに、不登校で苦しむ子どもたちがいることは事実である。これは一例に過ぎないが、他にも多くの課題が解決途上にあるといえる。

　それでは、学校が本当に行わなければならないことを大局的に考えてみたい。この大局的というのは、日本が目指すべき最も大事なものと考えるべきであろう。戦後、日本は、大きな発展を遂げてきた。その根本にあるものは、まさに民主主義を堅持することを何よりも大切にしてきたことである。

　一方で、学校教育を考えると、民主主義ということがあまりにも当たり前すぎて、正解をいち早く効率よく獲得するという精神が働いたのか、民主主義の理念よりは形式に力を入れてきたのではなかろうか。子どもたちが参画する会議の多くは、多数決という方法があたかも民主主義の全てであるかのように、あらかじめ学校側が決めた軌道を、子どもたちが走らされる、いや走るように求められていたと言えるのではなかろうか。お互いの立場を尊重した上での話し合い、一つ一つ合意形成を図って進めていくということがおろそかにされていたように思う。確かに、話し合いを丁寧に行いながら合意を形成するのは時間が掛かるかもしれない。しかし、その過程で大事な「自由の相互承認」を体感するとともに、大事にしなくてはならないことと気が付くのではなかろうか。また、そのことに気付けるような指導を教育活動に忍び込ませるべきである。

　学校が、課題に対応するのは、そこに集う子どもの安心安全のために重要なことではあるが、何よりもその根本に、多様化が進む現代だからこそ、「自由の相互承認」の意義を指導することが大事である。さらに、指導された子どもたちが、大人になったときに自分たちの基礎となる行動指針に、

「自由の相互承認」を大切に守るということが、当たり前にできるようになっていなければならないし、学校教育に求められる一番大切なことである。まさに、この「自由の相互承認」を学校教育の様々な場面で浸透させることが、学校教育が果たすべき課題である。

　そのためには、子どもたちが自分で考え続けることができるような学力や体力、道徳性等を確実に育成する質の高い教育を実践することが肝要である。民主主義の意義を理解し、子どもたちが「自由の相互承認」を真から理解できる指導力を有する教師が重要な鍵を握るであろう。では、そのような教師に求められる資質・能力とはどのようなものであろうか。

3　教員に求められる資質能力

　学校教育において、最も大切にするべき民主主義の堅持という観点から、子どもたちが「自由の相互承認」を尊重できるように指導することが大事であるということは、誰も疑わないことであろう。ならば、そのような子どもたちを指導する教師に求められることはどのようなことであろうか。簡単に言えば、教育活動の直接の担い手である教師に対する揺るぎない信頼を確立することが一番にあげられる。教師は、教育を通して、理想実現の一端を担うからこそ、子どもたちや保護者、地域住民からの信頼が大事なのである。

　教師に求められる資質能力については、これまでも中央教育審議会等の各種審議会がしばしば提言を行っている。例えば、1997年（平成9年）の教育職員養成審議会（以下「教養審」という。）における、第一次答申等においては、いつの時代にも求められる資質能力と、変化の激しい時代にあって、子どもたちに〔生きる力〕を育む観点から、今後特に求められる資質能力等について、以下のように示している。

①いつの時代にも求められる資質能力

　教育者としての使命感、人間の成長・発達についての深い理解、幼児・児童・生徒に対する教育的愛情、教科等に関する専門的知識、広く豊かな教養、これらを基盤とした実践的指導力等

②今後特に求められる資質能力

　地球的視野に立って行動するための資質能力（地球、国家、人間等に関する適切な理解、豊かな人間性、国際社会で必要とされる基本的資質能力）、変化の時代を生きる社会人に求められる資質能力（課題探求能力等に関わるもの、人間関係に関わるもの、社会の変化に適応するための知識及び技術）、教員の職務から必然的に求められる資質能力（幼児・児童・生徒や教育の在り方に関する適切な理解、教職に対する愛着、誇り、一体感、教科指導、生徒指導等のための知識、技能及び態度）

③得意分野を持つ個性豊かな教員

　画一的な教員像を求めることは避け、生涯にわたり資質能力の向上を図るという前提に立って、全教員に共通に求められる基礎的・基本的な資質能力を確保するとともに、積極的に各人の得意分野づくりや個性の伸長を図ることが大切であること

　また、2005年（平成17年）10月の「新しい時代の義務教育を創造する」においては、優れた教師の条件について、大きく集約すると以下に示した三つの要素が重要であるとしている。

①教職に対する強い情熱

　教師の仕事に対する使命感や誇り、子どもに対する愛情や責任感など

②教育の専門家としての確かな力量

　子ども理解力、児童・生徒指導力、集団指導の力、学級づくりの力、学習指導・授業づくりの力、教材解釈の力など

③総合的な人間力

　豊かな人間性や社会性、常識と教養、礼儀作法をはじめ対人関係能力、コミュニケーション能力などの人格的資質、教職員全体と同僚として協力していくこと

　これらの答申の文言や具体的な例示には若干の違いはあるが、これからの社会の進展や、国民の学校教育に対する期待等を考えた時、基本的な考え方については、尊重しながら個々の教師が、生涯にわたって子どもたちとともに学び続け、自己と子どもたちの成長を共に認め合い大切にするという資質と、目の前の子どもたちの成長に生かすために、今の自分に必要な専門性を絶えず意識し、その能力を極めようとする資質能力を向上させることが重要である。むしろ、変化の激しい時代だからこそ、変化に適切に対応するだけでなく、その変化をあらかじめ想定した教育活動を、教師が研究しながら実践することの重要性が高まっているともいえる。

　また、教職は、その折々の社会情勢に対応しながら、日々変化せざるを得ない教育に携わり、子どもたちの可能性を開く創造的な職業であることを忘れてはならない。だからこそ、教師には、常に研究と修養に努め、教科に関すること、生徒理解に関することなど、子どもたちの健全な育成に資する様々な専門性の向上を図ることが求められている。教師を取り巻く社会状況が急速に変化し、学校教育が抱える課題も複雑・多様化する現在、教師には、不断に最新の専門的知識や指導技術等を身に付けていくことが重要であり、個人のもつ教職へのモチベーションが左右する時代になりつつある。そのため、子どもたちへの指導を絶えず振り返り、「自由の相互承認」という理念をベースにしながらも、何のために教えるのか、子どもたちに何を学ばせるのか、どのように教えるのか、その学びに意欲を持たせて取り組ませることが大事である。これらの一連の流れを、私はあえて「学びのへの精神」と呼びたいが、この「学びへの精神」が、これまで以上に強く求められていると考える。

4　学校教育において教師の果たすべき具体的役割

（1）子どもたちの生きる力の育成に向けて

2017年（平成27年）に改訂された新学習指導要領においても、子どもたちの「生きる力」の育成が求められている。現代の子どもたちは、自己肯定感及び自己有用感が低く、学校生活においても、自信を持てないでいる子どもたちが一定程度存在している。そのため、学校生活を無事に送らせること、そして、その経験が生涯にわたって主体的に生きていける力となる。まさに、子どもたちが主体的に生きていくための、「生きる力」をどのようなものかと可視化させ、それを子どもたちに実感させながら、身に付けさせるための教育活動をどのように構築させていくかが課題となる。

多くの有識者たちは、この生きる力を将来に渡って、自分らしく生き抜いていく力と捉えてきた。私は、そこに「『自由の相互承認』を踏まえた『生きる力』」を身に付けさせることが、将来に渡って、誰からも必要とされ、自分らしく生き抜いていく原動力になると信じている。このような力を身に付けさせるためには、子どもたちが直面した課題に対する思考力や判断力、自分の考えたことを互いに伝え合う表現力を育成することが必要である。その基盤となるのが、子どもたちの関心・意欲・態度、いわゆる学びに向かう力であろう。このことについては、子どもたちの学習活動の視点で見るとき「学ぼうとする力」や「学び合おうとする力」に置き換えることができる。

ただし、この「学びに向かっていく力」は、かつては各自の進路実現を目標に、テストの点数を取ることを動機付けに用いることができた。これから迎える時代が、予定調和的な社会を基盤とするならば、知識を記憶させ、試験では記憶した知識を早く正確に再生することで完結させることができた。外部からの学習を強制することで、その目標は、ある程度達成することができた。当然、各教科の場面で指導者は、主体的で、対話的で、深い学びを誘う仕掛け、いわゆる発問を工夫する必要がある。現在、価値観が多様化して

おり、学習する意味についても、様々になってきてしまっている。通り一遍の方法では、子どもたちの学びに向かう姿勢を、学ぶことを自ら求めるという主体的なものにすることは容易ではない。教師としての子どもたちへの働きかけが重要となっている。このことについては、第9章に譲る。

　(2)　子どもたち一人一人の「学ぼうとする力」をどう育てるか

　子どもたちの心に働きかけ、子どもたちが本来持っているもっと学びたい、できるようになりたいという思いをどのように確かなものとしつつ、そのような思いを継続的に持たせるためには、小さな成功体験と失敗から学ぶということを様々な場面で獲得しておく必要があるだろう。

　ところが、子どもたちは、少子化と核家族化が進む中で、学校や家庭の中で、失敗はだめなことであるという生活経験を重ねる過程で、自分にはできない、だめだという挫折感を味わってしまっている。そのため、学びたいという本来子どもならば持っているはずの力を、失わせてしまっているのである。そこで必要になってくるのが子どもたちの中に「自己肯定感」や「自己有用感」を育てていく取り組みを意図的に効果的に行うことである。例えば、日本がこれまで培ってきた特別活動や部活動などは独自な取り組みであり、その活動を通して、それぞれの子どもたちが、今持っている良さを教師が認め、褒めることが有効であると考える。子どもたちのちょっとした行動や振る舞い、つぶやきを捉え、タイミングよく褒めるとともに、評価することが重要になってくる。これは学級全体の場で行うと、より一層効果的である。切り口は「今日、とっても嬉しいことがあったので、みんなにも知ってほしいから伝えるけれど……」や「すごいなあとビックリしたことがあるから、みんなに話しますが……」のような前振りとともに、子どもたちに伝えることである。これは、小学生低学年に限ったことではなく、中学生や高校生にも有効である。さらに、学習活動だけではなく学校生活全体の中での出来事も、対象とするべきである。この取り組みが子どもたち一人一人のその後の

活動意欲に大きく影響してくるであろう。

　一方、何らかの支援や指導が必要な、課題のある子どもたちについては、基本的に個別に、それも継続的に指導を重ねる必要がある。その時のキーワードは「気がかり」と「残念」である。この時の切り口は「今日は、ちょっと気がかりなことがあったから伝えたいのだけれど……」とか「すごく残念に思ったことがあるから話しますが……」といった切り口で始まるものになる。そのときも、子どもたちにしっかりと聞く姿勢ができていれば、最後は「あなたがたならきっとできる」というように、認めること、期待していることで終わらせるというルーティーンを、作り出していくことが大事であると考える。教師から、ちょっとしたことで褒められた経験や、教師に見守ってもらっているという実感が、学習や生活の両面で、子どもたちの安定を促すとともに、課題に対して前向きに取り組もうとするエネルギーになっていくものと信じている。

（3）教師個々の力と学校として集約した力
　ここまで述べてきたように、子どもたちの様子を見守るという姿勢と、見守りから得た情報を、効果的に活用することが大事である。さらに、学校で日々生じる課題は、多岐にわたり、複雑に絡み合っているのが現状である。個々の教師の力量は必要ではあるものの、個々の力量だけに頼るだけでは解決が難しい事案も発生している現状である。何より、児童生徒の育った環境が多様であること、保護者自身の価値観も、自分がこれまで経験してきた教育を基に考えをめぐらせていることを考慮すると、自然と、保護者自身の考えも多様であると言わざるを得ない。

　そのような状況で、個人で対応にあたるよりは、学校が校務分掌を中心に、管理職と一体となって事案にあたることが求められている。この基本的な考えについては、大学における養成の段階から、学校の現状として学ぶ必要があるし、学校が組織としてまとまること、まとまるためには何が必要なのか

を考えていることが大事になってくる。採用後の研修においても、個々の力量を向上させる研修も重要であるが、組織としてどのように動くのかを、分掌ごとに考える研修も重要であろう。このような研修を通して、ミドルリーダー的な発想が、若い時分から自然とできるようになることが求められであろう。

5　結語的考察 ―今後の方向性―

　ここまで述べてきたことを、個々の教師が取り組むには、まず、個人の資質である教職への使命感が重要になってくる。まずは、教師個人が専門性を高める研修を「個別最適化」という視点で構造改革する必要がある。この点については、オンライン研修やアーカイブされた研修を事後に視聴できるなど、各個人の時間によって取り組めるような工夫が生まれてきている。

　また、少子高齢化という状況を考えた時、誰一人取りこぼすことができない状況であることを鑑みると、保幼小中高という各学校種の接続が、これまで以上に円滑に行われなければならない。第1章で述べたことを参考にしていただきたいが、保育園や幼稚園などの年長さんが、そこでは一定程度の責任を負わされてしっかりと行動できていたのに、小学校では一番下の学年ということで、上級生に面倒をみてもらうという、先祖返りのような状況が生まれている。さらに、小学校から中学校では、それまで小学校では一人の教師が、学級で直接教科指導と生活指導にあたっていたのが、中学校では教科担任制となり、教科ごとに指導する教師が代わるという大きな変化を経験する。中学校から高校への接続においては、通学する物理的な距離が広がり、子どもたち同士のつながりも広域になっていく。授業の進むスピードも速くなり、内容も抽象度を増し、理解するのに苦しむ子どもも出てくる。何より教科個々について、履修と修得が求められることになる。この段階ごとに、円滑な移行ができない子どもたちが一定程度いることも事実である。これに

ついては、接続段階同士の教師の連携が、これまで以上に求められるし、高校の教師からすれば、中学校、小学校、幼稚園や保育所等で、子どもたちにどのような指導や支援が行われているのかを、視察することが今以上に求められるだろう。さらに逆に、上位の校種を視察することも大事である。そのうえで、現在、自分が関わっている子どもたちにどのように接するのかのヒントにすることが、これからの教師に求められる専門性の一つにもなる。ここでは、そのバックボーンとして、大学が、それも教員養成系の大学が、果たすべき役割は大きなものがある。校種を貫く教育原理や教育心理など、校種のつながりを支える学際的な知見は、多く持っているはずである。教員養成系のもつ役割こそ、これからの教師の資質向上に欠かせないと考える。ここまで述べてきたことを、これまでと同じような手法で。悉皆研修として実施した場合、教師の時間はかなり奪われる。

　前述したが、今回の新型コロナウイルスの感染症対策の一つとして実施された、オンラインによる研修などの実施により、研修先への往復時間のカットは時間の有効活用という視点からも重要である。さらにオンラインによる研修であるならば、受講時間を統一することなく、アーカイブされたものを、時間を新たにしたり課題に対応させたりして受講することも可能になるなど、研修に参加するために通常の教育活動を変更することで生じる教師側の負担や子どもたちへの影響を軽減することができる。教師の資質能力の向上については、個々人のモチベーションも重要であるが、それを支える働き方改革を視野においた研修の構築が一層求められている。

引用・参考文献

　小川哲哉『増補改訂版　主体的・対話的な〈学び〉の理論と実践─「自律」と「自立」を目指す教育─』青簡舎、2021年。

　志水宏吉『「つながり格差」は学力格差を生む』亜紀書房、2014年。

　高木展郎『評価が変わる、授業を変える』三省堂、2019年。

　西川純　『2030年教師の仕事はこう変わる！』学陽書房、2018年。

第8章 チーム学校としての組織的諸課題

1 はじめに

　現代は、少子高齢化の中での社会の形成・維持、災害や感染症等の予測困難な社会的危機との遭遇、グローバル化や情報化が急速に進展する中での不断の知識の刷新やICT化への対応など、社会は急激なスピードで大きく変化している。このような状況のもと、学校にはこれからの時代を生き抜く子供たちに必要となる資質能力を身に付けさせるための教育課程の改善・充実はもちろんのこと、それらを確かに実現し、学校としての組織力・教育力を高めるための体制整備が求められている。

　つまり、子供たちの問題や課題が複雑化・多様化・困難化しているなかで、未経験の事例も含め学校が抱える今日的な課題に対応し、教育効果を上げていくためには、教員個人の専門性を持って全ての問題や課題に対応していくことが最善の方策とは必ずしもいえない状況になっているのである。

　例えば、2013（平成9）年7月28日の教育職員養成審議会答申「新たな時代に向けた教員養成の改善方策について（第1次答申）」では、教員に求められる多様な資質能力の具体例を示しながら、次のように述べている。

○　すべての教員が一律にこれら多様な資質能力を高度に身に付けることを
　　期待しても、それは現実的ではない。むしろ学校では、多様な資質能力を
　　持つ個性豊かな人材によって構成される教員集団が連携・協働することに
　　より、学校という組織全体として充実した教育活動を展開すべきものと考
　　える。また、いじめや登校拒否の問題をはじめとする現在の学校を取り巻
　　く問題の複雑さ・困難さの中では、学校と家庭や地域社会との協力、教員

とそれ以外の専門家（学校医、スクール・カウンセラー等）との連携・協働が一層重要なものとなることから、専門家による日常的な指導・助言・援助の体制整備や学校と専門機関との連携の確保などを今後更に積極的に進める必要がある。

ここには、「チーム学校」につながる様々な発想や考え方が見いだせる。これはより具体的にどのようなことを意味するのであろうか。参考までに具体的事例を3点ほど紹介しておきたい。

(1) ネット関係のトラブルの事例から

全国の高等学校が、国の「GIGAスクール構想」における1人1台端末の整備をすすめるなか、2022（令和4）年に実施された全国高等学校長協会生徒指導研究委員会全国調査「GIGAスクール時代の生徒指導（1人1台端末導入に伴う生徒指導に関する考察）」の結果の一部を以下に示す。

ネット上のトラブルを未然に防止するために「学校内でガイドラインやルールを策定する時の担当部署」について質問したが、「生徒指導担当部署」が10％にとどまり、「情報担当部署」が76％となっている。また「トラブル発生時の外部機関との連携について」の質問では、主な回答（複数回答）として「警察」が88％、「生活センター等の公的な相談窓口」が56％、「プロバイダー等関連業者」の31％となっている。こうした数字から分かるのは、生徒指導関係者がネットに関係するトラブルを解決させようとする時、内外の様々な組織や部署との連携が不可避になっている実態である。

(2) 関係機関等との連携・協働についての事例から

いじめについては、2013（平成25）年に「いじめ防止対策推進法」が制定されたが、この法の制定により、学級の担任などの一部の教員が情報や対応を一人で抱え込むことなく、組織として「学校いじめ対策組織」を中心に、

教職員全体の共通理解を進め、心理・福祉等に関する専門的な知識を有する人材の協力を得ながら、学校全体でいじめ対策を総合的に行うことが義務づけられた。

　しかしながら、2022（令和 4）年10月に公表された「令和 3 年度児童生徒の問題行動・不登校等生徒指導上の諸課題に関する調査結果」においては、2020（令和 2）年度においては減少していたいじめの認知件数が増大し過去最高となる現状が明らかになった。この結果をふまえ2022（令和 4）年11月に開催されたいじめ防止対策協議会においては、いじめ防止に向けて早期に対応（再徹底）すべき事項として、学校における総合的な取り組みだけではなく、さらに「関係機関との連携強化」や保護者と学校の情報、対策方針等の共有、首長部局との連携の必要性等が論議された。

（3）カリキュラム・マネジメントの必要性に関する事例から

　我が国の教員は、これまでにも教科指導や特別活動指導等教育に関する専門性を共通の基盤としながら、それぞれ独自の得意分野を生かして、校内で教員が相互に連携・分担しながら、教育効果を高めてきた。

　しかし、確かに教員一人一人の専門性や指導力は優れているものの、指導の方向性の違いから、指導の受け手である生徒たちが最適な学習方法を見いだせずに混乱してしまうケースも多いことがこれまでにもたびたび指摘されてきた。教員一人一人の優れた力を集結させれば極めて高い教育効果を得られる集団が形成されるはずなのに、実際には組織として相互に作用するのでなく、反作用してしまっている残念なケースも散見される。A 教諭は東を向いて A といい、B 教諭は西を向いて B と言う。これでは、指導された生徒がいったいどこを目指していけばよいのか当惑してしまうのも当然であろう。

2 「チーム学校」の必要性

　改めて言うまでもないが、現代の生徒をとりまく環境は複雑化・多様化・困難化しており、生徒たちが生活する場も、「家庭」「学校」「地域」に加えて、「インターネット上の仮想空間」が新たに加わっている。

　こうした新たな空間が加わった現代社会の中で、生徒たちには、一体どのような資質・能力を身に付けさせ、それに対していかなる効果的な指導・支援が必要とされるのであろうか。そのためには、従前のように、学級担任や経験を積み上げた一部のベテラン教員だけで、指導・支援を完結させることは難しいことは言うまでもない。むしろそのような時代だからこそ、各学校は創意工夫をこらしグランドデザインやスクールポリシーを策定し、校長のリーダーシップの下、校内はもとより、保護者や地域、専門機関等など、学校外部のあらゆる教育資源を活用しながら連携・協働し、学校教育を展開していくことが求められている。

(1)「チーム学校」という考え方

　2012（平成24）年8月28日の中央教育審議会答申「教職生活の全体を通じた教員の資質能力の総合的な向上方策について」で、「これからの教員に求められる資質能力」について「困難な課題に同僚と協働し、地域と連携して対応する教員」が必要であるとされた。同時に、「同僚とチームで対応する力、地域や社会の多様な組織等と連携・協働できる力」が教員の資質能力の一つとして示されている。

　そして2015（平成27）年12月21日に「チームとしての学校の在り方と今後の改善方策について」の答申が取りまとめられた。この答申は、現行の新学習指導要領の改訂時期と同時期にとりまとめられたものであり、その考え方は現在に通じている。答申では、以下のように「チームとしての学校」が求められる背景が明示されている。

○　新しい時代に求められる資質・能力を子供たちに育むためには、「社会に開かれた教育課程」を実現することが必要であり、そのためには、「アクティブ・ラーニング」の視点を踏まえた指導方法の不断の見直し等による授業改善や「カリキュラム・マネジメント」を通した組織運営の改善のための組織体制の整備が必要である。

○　いじめ・不登校などの生徒指導上の課題や特別支援教育の充実への対応など、学校の抱える課題が複雑化・多様化し、貧困問題への対応など、学校に求められる役割が拡大しており、それら課題の複雑化・困難化に伴い、心理や福祉等の専門性が求められている。

○　我が国の教員は、学習指導、生徒指導、部活動等、幅広い業務を担い、子供たちの状況を総合的に把握して指導している一方、学校には、欧米諸国と比較して、教員以外の専門スタッフの配置が少なく、教員の勤務時間が、国際的に見て長く、子供と向き合う時間の確保等のための体制整備が必要である。

続いて、上記背景を受け、「チームとしての学校」像が示されている。

> 「チームとしての学校」像
> 　校長のリーダーシップの下、カリキュラム、日々の教育活動、学校の資源が一体的にマネジメントされ、教職員や学校内の多様な人材が、それぞれの専門性を生かして能力を発揮し、子供たちに必要な資質・能力を確実に身に付けさせることができる学校

このように、諸外国に比べて、学校内だけではなく、学校外の諸組織との連携が極めて少なかった我が国の学校経営の構造的問題を解決するため、「チーム学校」という概念を提示し、それによって多様な関係諸組織が連携・協力し合う体制づくりが急務の課題であることが明示されている。

(2)「チームとしての学校」を実現するための３つの視点

2015（平成27）年中央教育審議会答申において、「チームとしての学校」を実現するための視点は以下の様になっている。

○「専門性に基づくチーム体制の構築」

　　教員が教育に関する専門性を共通の基盤として持ちつつ、それぞれ独自の得意分野を生かし、学校の中で、学習指導や生徒指導など様々な教育活動を「チームとして」担い、子供に必要な資質・能力を育むことができるよう指導体制を充実していくことが重要である。

　　あわせて、心理や福祉等の専門スタッフを学校の教育活動の中に位置づけ、教員との間での連携・分担の在り方を整備するなど専門スタッフが専門性や経験を発揮できる環境を充実していくことが必要である。

○「学校のマネジメント機能の強化」

　　教職員や専門スタッフ等の多職種で組織される学校がチームとして機能するよう〈中略〉学校のマネジメントの在り方等について検討を行い、校長がリーダーシップを発揮できるような体制の整備や、学校内の分掌や委員会等の活動を調整して、学校の教育目標の下に学校全体を動かしていく機能の強化等を進める。

○「教職員一人一人が力を発揮できる環境の整備」

　　教職員や専門スタッフ等の多職種で組織される学校において、教職員一人一人が力を発揮し、更に伸ばしていけるよう、教育委員会や校長等は、「学び続ける教員像」の考え方も踏まえ、学校の組織文化も含めて、見直しを検討し、人材育成や業務改善等の取り組みを進める。

　　こうした組織改革の視点は、従来の学校経営が時代のニーズに合っておらず、日々多様化する学校教育の諸課題を解決するためには、不可欠なものとなっている。それでは、チーム学校の考え方を実際に実現させるためにはど

のような具体的な方策が必要となるのだろうか。

3　「チーム学校」を実現するために

　2015（平成27年）答申の内容等を踏まえ、1で示した具体の事例について、改めてその課題を確認しながら、「チーム学校」を実現するための具体について考えてみたい。

(1) 校内での連携・分担という視点から

　前述の全国高等学校長協会生徒指導研究委員会全国調査「GIGA スクール時代の生徒指導（1人1台端末導入に伴う生徒指導に関する考察）」の結果によると、現在直面している課題として「ICT に関する専門的な知識、スキルがないと、日常的に発生する技術的なトラブルにまったく対応することができない。」「教職員の知識不足により授業での ICT 機器の活用が追いついていない。」「授業中に、端末の扱いに不慣れな生徒への支援が困難である。」など、教職員の ICT に関する知識・スキル不足に起因すると考えられる課題が多数報告されている。そして、これらの課題に対処するため、学校内では ICT に関する専門的な知識やスキルを持つ一部の教職員、例えば情報科の教員などに頼らざるを得ず、それらの教員の負担が極めて大きくなるという新たな課題に直面している。

　最近の新型コロナ感染症対策においても同様である。感染防止のための指導や、発生した場合の感染拡大防止に向けた対応、関係機関との情報共有など、養護教諭など一部の教職員に過度の負担がかかっているのではないか。

　これらの事例のように、ICT の専門的知識やスキル、あるいは新型コロナ感染症についての専門的知識などのように、これまで経験したことのない新たな課題に対応していくためには、それらに対する専門的知識やスキルを有する一部の教職員のサポートなしでは、実際の現場が機能しなくなってお

り、学校の教員だけで対応することが、質的な面でも量的な面でもむずかしくなっていることを示しているのではないか。教員本来の仕事であるはずの、一人一人の子どもに向き合う時間が確保できなくなっている現状にある。

　これまでも教育現場では、例えば、外国語指導における外国語指導助手（ALT）の授業支援や、学校図書館の効果的な運営のための司書教諭と学校司書との連携・分担など、校内での連携・分担を推進することで、教育課題に対応してきた先例がある。さらには、学校における教育活動を充実させ、一部の教職員の負担を軽減するための支援員の導入なども進んできている。

　これらのことから、ICT の効果的な活用や感染症対策など、これまで経験したことのない新たな課題に対応していかなければならない教育現場としては、校長のリーダーシップのもと、チームとして、校内の連携・分担の在り方を不断に見直すなど体制整備に努めたり、専門的知識やスキルを持つサポートスタッフを配置したりするなどして対応していくことが求められる。

　つまり、現場の教職員が、教育に関する専門性を基盤としつつ、それぞれ独自の専門性や得意分野を生かしながらチームとして機能する体制を整備・充実させる必要がある。あわせて、新たな課題に対して教職員一人一人が専門性を高めることも求められる。

（2）関係機関等との連携・協働という視点から
　学校がチームとして機能するためには、校内の教職員同士の連携・分担はもちろんであるが、1（2）のように、いじめや不登校などの重大な生徒指導上の事案において、より効果的に対応していくためには、教職員の校内における連携・分担に加えて、心理や福祉、医療等の専門家等と連携・協働して教育活動を展開することが重要となる。

　「いじめ防止対策推進法」では、「社会総がかりでいじめ防止に取り組むこと」が示されているとおり、いじめの問題に対応していくためには、学校だけで抱え込まずに、関係機関等や家庭とつながることが必要不可欠である。

　例えば、いじめが犯罪行為としてあつかわれるべきものであると判断される場合には、地域の警察署と迅速に連携して対応していく必要があり、日頃からの情報共有も含め、お互いに顔の見える関係をつくっておくことが大切となる。

　しかしながら、一方で、学校と警察、福祉、医療など、それぞれに知識や経験、考え方や仕事の進め方などの違う専門家がお互いに連携・協働できる関係を築いていくことは困難なことであることも認識する必要がある。お互いの文化や考え方の相違を乗り越え、理解、尊重しながら、最終的に子供にとってどのような形が望ましいのかを共有しながら、それぞれが果たすべき役割を明確にし、あくまでも学校が主体であることを忘れずに、校長のリーダーシップのもと対応していかなければならない。

　いずれにしても、校内の教職員間の連携・分担や、外部の専門機関との連携・協働が不足し、子供のSOSが見過ごされ、対応が後手に回り、解決に向けて多くの労力が費やされ、結果的に不幸な結末を迎えることのないよう努めなければなるまい。

　また、当然ながら、保護者との連携を図ることが、問題の解消と防止において重要であることは言うまでもない。

（3）　カリキュラム・マネジメントの視点から
　今般改訂された新学習指導要領では、その前文において、社会との連携及び協働によりその実現を図っていく「社会に開かれた教育課程」の実現が重要となることが示された。また、総則では、カリキュラム・マネジメントの充実や、家庭や地域との連携・協働等を重視するといった基本的な考え方も示されたところである。つまり、学校として、組織としての教育力を向上させるためには、学校全体が同じベクトルのもと、家庭や地域と連携・協働した、カリキュラム・マネジメントの推進が求められているのである。
　ここで、参考であるが、実際の高校での事例をあげる。

生徒に身に付けさせたい資質能力を、どのような教育活動をとおして、どのような方法で身に付けさせるかをスクールポリシーを含む学校のグランドデザインで明確に示すことで、１（3）で示したような教員間での指導のズレを防止することができている。

　同時に３年間（６年間）の中で、見通しを持って指導にあたることができるため、教科指導や特別活動等が、横断的に相互に作用しながら展開することが可能となり、学校としての教育効果も高まっている。

　さらには、校務分掌事務の在り方も再編した。

　学校の特色の一つであるグローバル教育を推進していくためのチームを新設し「チームリーダー」を配した。

　これまでも、グローバル教育は、学校の特色の一つとして充実させてきたが、その実施にあたっては学年主導で学年行事として実施されてきた。

　しかし、各学年主導の取り組みでは、各学年の負担が大きいこと、また学校全体の中での役割が明確でないため、どうしても前例踏襲的な取り組みとなってしまい、改善充実がすすまないなどの課題もあった。

　そのため、学年主導の取り組みから、学校全体で体系的に展開するための新チームの新設である。

　同様に、課題解決型の学び（探究的な学び）を更に推進していくためのチームも新設した。これにより、学年主導では調整が難しかった学年横断、教科横断的な学びが効果的に取り組まれるものと期待している。地域との連携も積極的に展開している。

　以前から、特に地域の大学や研究機関等とは連携していたが、最近では、所在地の行政とパートナーシップを締結し、地域の課題解決に向けて行政や企業等と連携しながらの探究活動を始めたところである。

　地域との連携・協働により、生徒が、多様な人々とつながりを持ちながら学ぶことができることは、「社会に開かれた教育課程」の趣旨に合致するもので、より厚みのある経験を積むことになり、「生きる力」の育成、定着に

もつながっている。学校や教員だけでは解決することが困難な課題にも「チーム」として対応でき、結果として教員の負担軽減にもつながるものである。

4　結語的考察

　令和 3 年 1 月の中央教育審議会答申「令和の日本型学校教育の構築を目指して」では、「令和の日本型学校教育」の構築に向けた今後の方向性の中で、「学校だけではなく地域住民等と連携・協働し、学校と地域が相互にパートナーとして、一体となって子供たちの成長を支えていくことが必要である」とされ、さらに、「連携・分担による学校マネジメントを実現する」ために、「校長を中心に学校組織のマネジメント力の強化を図るとともに、学校内外との関係で「連携と分担」による学校マネジメントを実現することが重要となる。」、「教師とは異なる知見を持つ外部人材や専門スタッフ等、多様な人材が指導に携わることのできる学校の実現」、「学校・家庭・地域がそれぞれの役割と責任を果たし、相互に連携・協働して、地域全体で子供たちの成長を支えていく環境を整備」することが求められると示されている。

　現在、文部科学大臣が「質の高い教職員集団の在り方」について、中央教育審議会に諮問しており、今後どのような答申がなされるか注視すべきである(注)。

注　2022年12月19日に答申が取りまとめられた。

引用・参考文献
石村卓也、伊藤智子『チーム学校に求められる教師の役割・職務とは何か』晃洋書房、2017年。
加藤崇英、臼井智美編『教育の制度と学校マネジメント』時事通信社、2018年。
佐古秀一編、森田洋司・山下一夫監修『チーム学校時代の生徒指導（生徒指導のフロンティア）』学事出版、2020年。

汐見稔幸・奈須正裕監修、佐久間亜紀・佐伯胖編『現代の教師論（アクティベート教育学2)』ミネルヴァ書房、2019年。

文部科学省『生徒指導提要』（改訂版）2022年。

https://www.mext.go.jp/content/20221206-mxt_jidou02-000024699-001.pdf

※各種答申や関係諸団体からの調査・報告に関しては、文部科学省等のHPから適宜ダウンロードした。

第 3 部

教職教育の課題と
これからの学校教育

第9章　新たな時代の教師に求められるもの

1　問題の所在

　第6章で述べてきたとおり明治以来、わが国の学校教育は、その時々の政治、経済、文化の発展に寄与する人材を育成するために大きな役割を果たしてきた。前章では、学校教育そのものを主語に論じてきたが、子どもを主語に考えると、子どもたち各個人には、当たり前のように机と椅子が用意され、毎日決められた時間に学校に登校し、決められたクラス（場所）で、一律に決められたカリキュラム（時間割）に従い、教師が黒板の前に立ち、その時間に学ぶべきことを教授することが続けられてきた。そこには、子どもたちの思いをくみ取る仕組みもない。さらに、その枠組みに何の疑いも持たずに溶け込むことが普通とされ、そこから何らかの理由で逸脱することは、あってはならないことであり、特別なこととされてきた。確かに、日本の学校教育が、勤勉で均質な人間を作り出し、その結果大きな繁栄をもたらしてきたことは否定できない。しかし、その過程では、不登校、いじめなど様々な課題を生み出してきたのも事実である。課題のすべてを、この集団で学ぶことに寄与しているとは言わないが、もう少しフレキシブルな仕組みを考え出す時期に来ているのではないだろうか。まずは、この硬直した学校制度に問題の所在があると考える。

　また、このような教育制度を受けてきた大多数の大人は、かつては自分が子どもとして教育を受けてきたことを、あたかも教育の原風景のように受け入れ、かつて苦しんだことさえ良い思い出に転化させているようにみえる。それはそれで、幸せなことではあるが、この教育の原風景を一端脇に置き、現状の子どもたちの生の声に耳を傾け、大人である私たちが、それも教師や

教師を目指す若者たちが、子どもたちが苦しんでいることから目を背けることなしに、克服に向けて叡智を振り絞ることが求められている。ただし、「船頭多くして船山に登る」のたとえがあるように、それぞれの大人が、自分たちが受けた教育の原風景を一番と考え、そこから得た意見を、それぞれの思いで述べるのはそろそろやめるべきだろう。それよりは、若者の柔軟な感性を信じ、これから教師を目指すものを、若手教師を応援する余裕を、大人がもつべきではなかろうか。

　だからといって、若者が成長するのを信じて、何も助言しないというわけではない。それぞれが、現場で失敗したことをもとに、その失敗を教材（事例）としてとらえ、他にどのような方法があったのか、もしその方法を取っていたらどうなっていたかを、若手と語り合うことは重要である。ただ、ここにも問題の一端がある。かつては、つまずいている一人の生徒を話題にして、中堅・ベテラン教員と若手が対話する場面が、職員室でしばしばみられた。自分自身のことを振り返っても、相談できるというよりも、先輩から声をかけていただき、うまく行かないことをざっくばらんに相談できる雰囲気に満ちていた。ところが、近年、「働き方改革」という言葉が錦の御旗のように掲げられ、本来、子供と向き合う時間の確保のための改革が、勤務時間にのみ焦点化されてしまったような感覚をもち、勤務時間外のこの種の対話すら奪ったように感じる。ここにも問題の所在が隠れている。本章では、そのような現状において、教師はどのような立ち位置で教育に関わるべきなのかを、これから教職を目指す若者の視点で論究する。

2　令和の日本型学校教育において目指すべき方向と若手教師

　ここでは、中教審答申である「『令和の日本型学校教育』の構築を目指して」に示されている学校教育が直面している課題について確認する。答申の中では、「義務教育に加えて、高等学校教育や高等教育も拡大し大衆化する

中で、一定水準の学歴のみならず、「より高く、より良く、より早く」といった教育の質への私的・社会的要求が高まるようになった」として、「学校外にも広がる保護者の教育熱に応える民間サービスが拡大するとともに、経済格差や教育機会の差を背景に持った学力差が顕在化」しているとしている。確かにこの教育に対する熱ともいうべき状況に対応することや、我が国の経済発展の基盤を支える人材として、「みんなと同じことができる」「言われたことを言われたとおりにできる」という、上質で均質な労働者の育成を学校教育が担ってきた。そのため、「正解（知識）の暗記」の比重が大きくなり、「自ら課題を見つけ、それを解決する力」を育成するため、他者と協働し、自ら考え抜く学びに課題があるということがPISA調査をはじめとする各種学力調査等によって明らかになってきた。

　さらに、学校では「みんなで同じことを、同じように」を過度に要求する面があり、学校生活においてもそれらを「同調圧力」として感じる子どもが増えているように思う。外国籍の子どもや日本語を母国語としない子どもなどが増え、社会の多様化が一層進んでいる現状では、画一的・同調主義的な学校文化がこれまでの優位さだけでなく負の側面も顕在化するようになった。

　また、各種指導の場面においても、言葉による体罰ともいえる追い込む指導や非合理的な精神論及び努力主義が未だにあとを絶たない状況にある。このような課題を克服するために答申では、「一人一人の児童生徒が、自分のよさや可能性を認識するとともに、あらゆる他者を価値のある存在として尊重し、多様な人々と協働しながら様々な社会的変化を乗り越え、豊かな人生を切り拓き、持続可能な社会の創り手となることができるよう、その資質・能力を育成すること」を求めている。さらに答申では、「明治から続く我が国の学校教育の蓄積である『日本型学校教育』の良さを受け継ぎながら更に発展させ、学校における働き方改革とGIGAスクール構想を強力に推進しながら、新学習指導要領を着実に実施する」とある。

　ここまでみてくると、これまで明治以来教師が積み重ねてきた教育実践に

ついては、一定程度成果があるとしながらも、変化の激しい時代を主体的に生きていく子どもたちに身に付けさせるべき資質・能力については、確実に定着させることが求められている。そのためには、全ての子どもたちに基礎的・基本的な知識・技能を確実に習得させ、思考力・判断力・表現力等や、自ら学習を調整しながら粘り強く学習に取り組む態度等を育成する必要があり、その学習過程で支援が必要な子どもにより重点的で効果的な指導を行うことが重要である。そのうえで、子ども一人一人の特性や学習進度、学習到達度等に応じ、指導方法や教材及び学習時間等の柔軟な提供・設定を行うことなどの「指導の個別化」を意図的・計画的に行わなければならない。このような学びを支えるためにも、一人一台端末などのICTを効果的に活用することが教師に求められし、そのような指導が特別なものではなく普段の教科指導として実践に活用されなくてはならない。それには、子どもたちのICT活用能力の育成も大事な視点だが、それを指導する教師も、どのアプリケーションがこの場面の指導においては効果的であるのかを知るなどのICT活用能力を有することが求められる。幸い、新型コロナウイルスの流行に伴い学校一斉休校などでオンライン授業がかなり進展し、教師もかなりのスキルアップが図られている。ただ、ICTについては日進月歩で技術が進んでいることを考慮すれば、授業を構築する上でより良いものをと、教師が絶えず学び続けることがこれまで以上に求められる。

3　授業で勝負する教師 —探究をキーワードに—

　時代がどのように変化、進展しても子どもたちは、教師との触れ合いから学ぶもの得るものが多くある。確かに、オンライン授業が進展し、素晴らしい授業実践をオンラインで公開しているコンテンツや、ネット授業を主にしている通信制の学校もある。しかし、人が人を教育するという古代から人類が営々と築き上げてきたものは、時代の進展や変化に応じて多少変異したと

しても大事にしなくてはならない。それには、教師が子どもたちと向き合うときに、自分は「授業で勝負をする」、「授業を通してこのような学びを体感させ獲得させる」という強い信念をもつことが大事である。「授業で勝負する」といっても、その評価は教師自身が行うものではない。子どもたちが、この先生に学びたい、この先生が教えてくれると学習する気持ちが高まるというように評価されなければならない。これまでは、教科の専門性をもち、入学試験等子どもたちが上級学校や就職試験の場面で、合格という栄冠を獲得するために使える力を、それも効率よく指導してくれることが、子どもたちにとっても保護者にとっても求めるものであった。それは、少しでも良い学校を卒業させ、社会に出るときに安定した企業で生涯を送らせるという確かなビジョンがあったからである。ところが、その安定した企業というものが、この変化の激しい時代では砂上の楼閣のような存在であることが顕在化してきた。さらに、日本の企業の良さであった終身雇用制度と企業体は家族であるという物語も破綻してきている。企業は、新卒で多くを採用し、その中から将来的に企業を託す人材を育成し、企業の繁栄を維持することから、そのときどきに必要な人材を中途に採用する方向にシフトしてきている。また、若者も、生涯一つの企業に勤めるという志向よりは、自分の生活スタイルやキャリア・アップのために転職することを想定しながら就社ではなく、文字どおりの就職を志向している。このような状況において、教師に求められるものは一体どのような専門性であるのか。前述の答申では「基礎的・基本的な知識・技能等や、言語能力、情報活用能力、問題発見・解決能力等の学習の基盤となる資質・能力等を土台として、幼児期からの様々な場を通じての体験 活動から得た子供の興味・関心・キャリア形成の方向性等に応じ、探究において課題の 設定、情報の収集、整理・分析、まとめ・表現を行う等、教師が子供一人一人に応じた 学習活動や学習課題に取り組む機会を提供する」ことを求めている。さらに、そのためには子どもたち自身が学ぶうえで、その学習が最適となるように調整する「学習の個性化」が必要と

されている。

　ここまでみてくると、教師に求められるのは、単なる教育者ではなく、かつてよく耳にしていた「五者」という総合的なものが現実的になってきたように思う。その「五者」とは、「教師は、『学者』『易者』『役者』『芸者』『医者』であれ」ということであるが、『学者』も単に自分の教科の専門性ということだけではなく、子どもが学ぶ意欲を持ち続け、問いを立て続けるために教師が必要と考えるアプローチに有益な研究に精通することである。また『易者』についても進路決定時だけでなく、進路選択時から子どもたちの様子を見つつ効果的な指導助言を行うという意味である。『役者』『芸者』については、子どもを追い詰めたり脅したりせずにやる気を出させる、効果的な言葉がけやパフォーマンスができるという意味である。『医者』については、子どもたちの日常の表情や態度から、肉体的なことはもちろん精神的なケアができるという意味である。これらの『五者』を扇の要として支えるのが『教育者』としてのゆるぎない「理念」であり、その理念は前述した「自由の相互承認」という基礎のうえに、各自が大切にする教育観である。

　この考え方をとると、教師という職業は、魅力のあるものには映らないかもしれない。子どもの成長に対しいての責任の重さの割には経済的な補償が十分でないし、労働環境も良いとは言えない。近年、教室などの空調化が進んではいるが、学校全体の職場環境としてみると、企業のそれとは明らかに異なる。梅雨時は、廊下や壁が湿り気を帯びたり、冬場はその廊下を冷たい風が吹き抜けたりするなど、劣悪な環境の学校も多数ある。働き方改革を教師の勤務時間に焦点を当てることも、ある面否定しないが、まずは教師が働く環境の整備こそ力を入れるべきではないだろうか。狭い職員室で、机の上に教材や書類を置かざるを得ない状況や、個人のロッカーが十分整備されていない学校もある。　これまで以上に、教師が自らの資質能力を高めるにも、アーカイブした研修動画を視聴できる静謐な部屋や、研修資料を一時的に保管できるロッカーなどの整備も喫緊の課題である。子どもたちの学びの質を

高めるためにも必要な考え方であると思うがいかがだろうか。

4　授業で勝負するために

(1) これまでの教育観の基礎にあるもの

　これまでは、教師が知識を紹介し、それを記憶させることに主眼が置かれていた。なぜならば、大学入試や就職試験において求められているものが、知識を誰よりも早く正確に再現することであり、膨大な受験生の合否を短時間で判定するには、この再現試験（正解が一つ）というのはとても都合が良かった。明治以来、日本の学校教育における選別は、点数によった。ある面、この制度が競争試験を通過すれば、身分や家柄に関係なく合格が得られたという機会均等であった。そのため、点数の差が一点であっても大きなものとして扱い、その差によって合否を判定することが客観的であると、半ば宗教的なものにまで位置付けられている。しかし、本当に客観的といえるのか。各小問の配点を変えると結果はどうなるだろうか。配点についての整合性や妥当性はどうだろうか。というように、一点の差を根拠にする時代は、予定調和の時代には合っていたが、これまで述べてきたように、これからの時代予測不可能であり、そのような時代を主体的に生きていく資質・能力を身に付けさせるためには、この神話を終わらせるときであろう。

(2) 授業構築に新たな視点を入れる

　これまでの授業スタイルを変えていく必要があることはこれまでも述べてきた。では具体的にどのように変革すれば良いのか。そのヒントとして、石川一郎・矢萩邦彦の著作『先生、この『問題』教えられますか？教育改革時代の学びの教科書』で紹介されている「社会で通用する思考力を『テスト』する」から「思考コード」をあてはめたフランシスコ・ザビエルに関する問題を参考にしたい。

表 9-1　思考コード表

			A 知識・理解思考（知識・理解）	B 論理的思考（応用・論理）	C 創造的思考（批判・創造）
変換操作	全体関係	変容 3	ザビエルがしたこととして正しい選択肢をすべて選び年代の古い順に並べなさい。A3	キリスト教の日本伝来は、当時の日本にどのような影響を及ぼしたのか、200字以内で説明しなさい。B3	もしあなたが、ザビエルのように知らない土地に行って、その土地の人々に何かを広めようとする場合、どのようなことをしますか。600字以内で答えなさい。
複雑操作	カテゴライズ	複雑 2	ザビエルがしたこととして正しい選択肢をすべて選びなさい。A2	キリスト教を容認した大名を一人あげ、この大名が行ったこと、その目的を100字以内で説明しなさい。	もしあなたが、ザビエルだとしたら、布教のために何をしますか。具体的な根拠と共に400字以内で説明しなさい。
手順操作	単純関係	単純 1	（ザビエルの写真を見て）この人物の名前を答えなさい。A1	ザビエルが日本に来た目的は何ですか？50字以内で書きなさい。B1	もしあなたが、ザビエルの布教活動をサポートするとしたら、ザビエルに対してどのようなサポートをしますか。200字以内で説明しなさい。
（数）（言語）					

　彼らが紹介する思考コードとは、横に A 軸（知識）、B 軸（思考）、C 軸（創造）をとり、縦に単純・複雑・変容の三つの軸をとることで 9 マスのマトリクスをつくるコード表のことである。その説明に用いているのが、「ザビエル問題」である。特に横の A 軸から C 軸をそれぞれ、A 軸が「知識・理解・思考」、B 軸が「論理的思考」、C 軸が「創造的思考」とし、A から C に移るほどこれから必要とされる学力観に近づくという考えである。もともとは、首都圏模試センターが入試問題の分析に用いていたものを基礎にして作成したものである。これからの授業においては、C 軸を中心に授業をデザインすることが大事である。確かに、C 軸の内容が授業で扱われる場合、ほとんど「発展的な内容」といわれるものである。これは生徒にとっても教員にとっても「余裕があればできたらいいこと」として扱われがちである。C 軸の内容が「発展的な内容」とか「余裕があればやる内容」ととらえられる

のはまさに、旧来の積み上げ型の学力観を持っているからである。

　その時間で何か明確に身に着ける知識があり、授業では一時間に身に付け
させる指導事項がある。この前提は「学ぶべきもの」が最初にあって、それ
を順序良く教え込んでいくことが授業であるという考え方の上に成り立って
いる。まさに、これまでの「記憶したことの再現」を基礎に、試験を突破す
るためには、効率がよい。しかし、無理やりに子どもたちの動機付けを行わ
ず、詰め込むのには限界があるのではなかろうか。その負の結果が不登校や
いじめにつながっていると言えないだろうか。

　授業設計は、本来逆向きで、Ｃ軸を中心に行う方がよいと考える。そのＣ
軸を行うためにＢ軸が必要になるし、Ａ軸は当然知っていなければならな
いと思って、子どもたちは足りなければ自分で学ぶことになる。指導者もそ
のように、子どもたちに言葉がけをするし、指導するはずである。このよう
に考えると「新しい学力」とは、実は学びの方向性を、今までと逆向きにし
ようとしていることだとも考えられる。また、子どもたちの学ぶ軸（学ぶ動
機とも言える）が、Ａの知識軸にあると、Ｃの創造軸の話を受け取るレセプ
ターが働かない。教員がいくら面白い「発展的な内容」を展開しても、大事
なことは「定期テストに出る内容」となってＣ軸の話は「余談」として扱
われることになってしまう。そして社会に出て創造軸を要求されはじめて、
「Ａ軸や、よくてＢ軸しか扱わない」学校の勉強では役に立たない、単なる
入試を突破するための学習であったと思うのではなかろうか。思考コードを
使い、Ｃ軸を中心において授業を設計できれば、今の授業は軸をどこにおい
ているか説明できる。その授業が逆向きに設計されていることの理解も得や
すい。そうすれば生徒と教員の前提をそろえることも今よりはできるように
なる。ここまで述べてきた授業をデザインするという考え方は、これからの
トレンドになるだろうし、教師が指導する場面で五者を意識したファシリテ
ーター的役割を担うことも視野に入れるべきである。

5　結語的考察 ―今後の方向性―

　新たな時代となっても、教師が授業で子どもたちを良い方向に導き変容させていくことは変わらない。その道具として、ICT 機器など新しい科学技術を用いることはあっても、子どもたちの学びを深めるように授業を構築することが、これまで以上に重要になってくる。

　具体的には、授業で子どもたちを引き付ける、そのために、どのように教材研究を行うのかが大事である。これまでの授業スタイルである積み上げていくオーソドックスの方法は、教師にとっては授業に役立つための教材研究としては楽である。これまで高校時代までに自身が行ってきた予習を振り返ってみれば一目瞭然である。答えが一つであり、時間さえかければ誰にもできるレベルである。教師というものは、知らず知らずに、自分が受けてきた授業スタイルを踏襲する。かつてはそれでも良かったが、これから変化が著しい時代を生きていく子どもたちへの指導として考えると、悪い手法であると言わざるを得ない。意識せずに授業を行うと、自身が獲得してきた授業スタイルを踏襲してしまう。ところが、そのようにスタートした授業であっても、目の前の子どもたちを中心に据えて、どのような力を、どのような方法（言語活動）でと考えるようになると、自分の授業について冷静に分析し、このままでの方法で良いのかという問いを立てることになる。

　その問いが立つと、県内外の授業実践においてよい授業であると評価されている教師の授業を視察したくなる。そして、公開授業などの情報を集め実際に見に出かける。そのときに、自分の勤務校では無理であると思考することを止めてしまうと、授業改善のヒントは得られないが、自分との違いを認めたうえで、何か得るものはないか、ここを少しアレンジすれば勤務校でも活用できるのではないかと考えれば得るものは多くある。そのときに、授業がうまい教師は、自分自身で授業をデザインしていることに気が付く。

　では、授業改善へのベースには何が必要なのか。大事なことは、授業は子

どもたちと教師が創り上げるものであり、彼らが教師から教わることを、明確に理解できなくてはならないということである。具体的には、まずその単元では、学習指導要領において、どのような力を付けることになっているのかを確認する。最終的にその力が付いたか評価するために、どのようなことを指導するのかを明確にする。それを評価するための発問を考えるだろう。そのときに、一問一答式の発問ではなく、子どもたちがグループで調べあったり、討論しあったりできる発問を考えることが大事である。それがまさに「思考コードC3」レベルの発問である。そして、発問が決まり、指導事項が明確になれば、次の段階は、「どのような言語活動を用いてその指導内容を指導するのか」ということになる。「言語活動」を端的に説明すれば、「内容、理由、原因、方法、予測、仮説などを説明する」ということになる。さらにアウトプットでは「言語化する」ということになる。この「言語化」は具体的には「文字言語」による「言語化」と「音声言語」による「言語化」を表している。「文字言語」とはレポート、作文、論文、エッセイなどであり、「音声言語」は、「プレゼンテーション、発表など」である。この考え方は、どの教科であっても同じである。

　AIがどのように進展しようとも、教師が子どもたちとの「授業」というキーワードを大切にしながらコミュニケーションを図るという視点に立てば、教師という職業は、子どもたちの未来を紡ぎだす大事な仕事であり、クリエイティブ職業である。ただし、これまでの旧来の手法に固執したり、新たな考えや手法をやみくもに否定したり、活用することを拒んだりしては、教職自体の必要性を貶めるだろうし、そのような教師は映像で素晴らしい授業を公開している教師に淘汰される時代が来る。自分が、「授業」を通して子どもたちに何を伝えるのか、教師を目指す者は、絶えず考え続けてほしい。その際に、自分がこれまで出遭った教師について、「良かった」「良い」という形容詞がつく教師の場合には、「良かった」「良い」の前に、「自分にとって都合の」という言葉を加えて、出会った教師を分析してほしい。そのうえで、

「良い」教師というプロトタイプを考えてほしい。それが、目指すべき教師像となるはずだ。

引用・参考文献
合田哲雄『学習指導要領の読み方・活かし方』教育開発研究所、2019年。
石川一郎『2020年からの新しい学力』SB新書、2019年。
石川一郎・矢萩邦彦『先生この問題教えられますか』洋泉社、2019年。
小川哲哉『主体的な〈学び〉の理論と実践』青簡舎、2014年。
志水宏吉『一人称の教育社会学 学校にできること』角川選書、2010年。
苫野一徳『学問としての教育学』日本評論社、2022年。

第10章　文教政策から見出せる教師の資質能力

1　はじめに

　2021（令和3）年1月の中央教育審議会答申「『令和の日本型学校教育』の構築を目指して」を受け、3月には令和の日本型学校教育を担う教師の養成・採用・研修等の在り方について諮問がなされた。この中で、「令和の日本型学校教育」を担う新たな教師像と教師に求められる資質能力について次のように示されているので、まずは、それを確認したい。

○　教師に求められる資質能力については、「これまでの中央教育審議会における答申においても、使命感や責任感、教育的愛情、教科や教職に関する専門的知識、実践的指導力、総合的人間力、コミュニケーション能力等が挙げられているところであり、令和3年答申においては、これらの資質能力に加え、ファシリテーション能力、ICT活用指導力等」が挙げられた。

　周知のごとくこの答申では、高度情報化社会への転換が急速に起こっているSociety 5.0時代と、コロナ禍がもたらした先行き不透明な予測困難な時代の中で、従来の教師像に包括されていた資質能力とは異なる緊急に必要な資質能力が明示された。それは、「教師という職業がICTを駆使しながら、個別最適な学びと協働的な学びの実現を通じ、全ての子供たちの可能性を引き出す創造的で魅力的なものであるという姿」であったが、コロナ禍による未曾有の時代の変化が、教師に新たな資質能力を求めていると言える。

　本章では、これまでの中央教育審議会の答申における教師像の変容に着目

し、いかなる変遷を経て、今日の教師に求められる資質能力に至ったのかを論究したい。そしてそのような論究を通して「地域から信頼される教師の資質能力」について考えてみたい。まず最初に近年の答申に見られる資質能力についてまとめておこう。

2 教師に求められる資質能力について

　冒頭でも取り上げた2021年の令和の日本型学校教育における教師像の基底にあるのは、2015（平成27）年12月21日の中央教育審議会答申「これからの学校教育を担う教員の資質能力の向上について」であると言ってよい。というのはコロナ問題が、この平成27年の答申だけでは対応できない未曾有の時代変容をもたらし、それに対応すべき緊急の課題を提示したものだったからである。ただ、2015年の答申がさらに重要なのは、現行の学習指導要領(義務・特別支援版は2017年告示、高校版は2018年告示)へ向けての改訂作業と時を同じくして作成されたものであり、これからの時代の教員に求められる資質能力が端的に示したものであったからだ。以下2015年答申で示されたこれからの時代の教員に求められる資質能力と教員像について整理しておきたい。

○　これまで教員として不易とされてきた資質能力に加え、自律的に学ぶ姿勢を持ち、時代の変化や自らのキャリアステージに応じて求められる資質能力を生涯にわたって高めていくことのできる力や、情報を適切に収集し、選択し、活用する能力や知識を有機的に結びつけ構造化する力などが必要である。

○　アクティブ・ラーニングの視点からの授業改善、道徳教育の充実、小学校における外国語教育の早期化・教科化、ICTの活用、発達障害を含む特別な支援を必要とする児童生徒等への対応などの新たな課題に対応でき

る力量を高めることが必要である。

○　「チーム学校」の考えの下、多様な専門性を持つ人材と効果的に連携・
　　分担し、組織的・協働的に諸課題の解決に取り組む力の醸成が必要である。

　ここには、「これまで教員として不易とされてきた資質能力」として、「例
えば使命感や責任感、教育的愛情、教科や教職に関する専門的知識、実践的
指導力、総合的人間力、コミュニケーション能力等」が挙げられているが、
時代の要請に柔軟に対応できる流行としての資質能力も必要とされている。
さらに、これまで知識・技能の習得が重視されていた学力観から、それらを
活用する情報活用能力を高めるためのアクティブ・ラーニングの視点の学力
育成が重視されている。ただ、こうした資質能力の育成によって目指すべき
教師像は、個々の教師をいわば「スーパー教師」にしていくことを目指すも
のであった。しかしながら、今日の学校を取り巻く諸問題は、個々の教師だ
けで対処できるものではなく、必然的に多くの教師が互いに組織的に連携し
ていく必要がある。「チーム学校」が求められているのはこのような現状を
反映していると言ってよいだろう。そのため、教師が高度専門職業人を目指
しながら、常に学び続けていくこと重要が指摘された。
　ところで、教師が目指すべきモデルとしての教師像と、教師の資質能力の
育成については、これまでの答申ではどのような変遷を経てきたのであろう
か。ここでは、教員養成教育にとって重要な役割を果たした2015年以前の答
申の歴史的な意味について若干の考察を行いたい。
①1958年中央教育審議会答申
　戦後期を乗り越えて、高度成長期へと入り込む基点となった1958（昭和33）
年７月28日の中央教育審議会答申「教員養成制度の改善方策について」では、
教師に求められる資質能力は以下の様な内容になっている。
　この答申では、冒頭に「教育に対する正しい使命感」「児童生徒に対する
深い教育的愛情」「世界的視野に立った人間的国民的一般教養」「社会の進展

に即した専門的知識」「児童生徒の教育に即した教職教養」が挙げられている。

　また、「学校種別ごとに必要とされる教員の資質」として、「一般教養」「専門学力 (技能を含む。)」「教職教養」が示され、「これらが教師としての人格形成の目的意識を中核として有機的に統一されることが必要である。」とされた。1958年の答申で特徴的なのは、戦前の師範学校中心に行われていた教員養成が、大学の教職課程を基本とする教員養成に変えられ、そこで求められたのは大学教育レベルの「高い教養を必要とする専門職業教育」であった。この答申には教師の専門性の大きな質的変化が見て取れる。

②1978年中央教育審議会答申

　1978（昭和53）年 6 月16日の中央教育審議会答申「教員の資質能力の向上について」では、その冒頭で「学校教育の成果は、これを担当する教員に負うところが極めて大きい。」ことが示されている。

　さらに、教員の資質能力について、「広い教養」「豊かな人間性」「深い教育的愛情」「教育者としての使命感」「充実した指導力」「児童・生徒との心の触れ合い」などを挙げ、「ひとりひとりの子どもの健やかな成長に対する父母の強い願いに思いをいたし、教員自らが更にその重責を深く自覚して、不断の教育実践と自己啓発に努め、学校教育に対する国民の信頼にこたえることが期待される。」としている。この時期の特徴は、低経済成長期に入り、校内暴力やいじめや不登校問題等の教育病理現象が拡大しつつある中で、「ひとりひとりの子ども」を大切にする教師教育が行われたことである。その際に重要なのは、従来のような量的な拡大を目指す教員養成よりも、人間性重視の教員養成への転換が図られたことである。

③1987年教育職員養成審議会答申

　1987（昭和62）年12月18日の教育職員養成審議会答申「教員の資質能力の向上方策等について」の冒頭「はじめに」で、教員の活動について「人間の心身の発達にかかわるものであり、幼児・児童・生徒の人格形成に大きな影

響を及ぼすものである。」と定義しながら、教員としての資質能力について
は「教育者としての使命感、人間の成長・発達についての深い理解、幼児・
児童・生徒に対する教育的愛情、教科等に関する専門的知識、広く豊かな教
養、そしてこれらを基盤とした実践的指導力」が必要であるとしている。こ
の年には、臨時教育審議会の最終答申が出され、「個性重視の原則」「生涯学
習体系への移行」「国際化、情報科など変化への対応」が柱となる偏差値教
育からの脱却を目指した「ゆとり教育」への転換が図られた。そのような文
教政策の変化には、教師の実践的指導力育成を重視する姿勢が見いだせる。

④2013年教育職員養成審議会答申

　2013（平成9）年7月28日の教育職員養成審議会答申「新たな時代に向け
た教員養成の改善方策について（第1次答申）」では、教員に求められる資質
能力について、3点に分けて具体に整理されている。すなわち「(1)いつの時
代も教員に求められる資質能力」、「(2)今後特に教員に求められる具体的資質
能力」、「(3)得意分野を持つ個性豊かな教員の必要性」である。

　まず、「(1)いつの時代も教員に求められる資質能力」については、前述の
昭和62年答申をもとに、「専門的職業である『教職』に対する愛着、誇り、
一体感に支えられた知識、技能等の総体」といった意味内容を有するもので、
「素質」とは区別され後天的に形成可能なものと解される。」としている。

　「(2)今後特に教員に求められる具体的資質能力」については、「未来に生き
る子どもたちを育てる教員には、まず、地球や人類の在り方を自ら考えると
ともに、培った幅広い視野を教育活動に積極的に生かすことが求められる。
さらに、教員という職業自体が社会的に特に高い人格・識見を求められる性
質のものであることから、教員は変化の時代を生きる社会人に必要な資質能
力をも十分に兼ね備えていなければならず、これらを前提に、当然のことと
して、教職に直接関わる多様な資質能力を有することが必要と考える。」と
している。参考として次のようにその具体例が示されている。

○　地球的視野に立って行動するための資質能力

　・地球、国家、人間等に関する適切な理解

　・豊かな人間性

　・国際社会で必要とされる基本的資質能力

○　変化の時代を生きる社会人に求められる資質能力

　・課題解決能力等に関わるもの

　・人間関係に関わるもの

　・社会の変化に適応するための知識及び技能

○　教員の職務から必然的に求められる資質能力

　・幼児・児童・生徒や教育の在り方に関する適切な理解

　・教職に対する愛着、誇り、一体感

　・教科指導、生徒指導等のための知識、技能及び態度

　「(3)得意分野を持つ個性豊かな教員の必要性」では、「すべての教員が一律にこれら（前述の具体的資質能力の例）多様な資質能力を高度に身に付けることを期待しても、それは現実的ではない」としながら、「多様な資質能力を持つ個性豊かな人材によって構成される教員集団が連携・協働することにより、学校という組織全体として充実した教育活動を展開すべき」との考え方が示されている。

　また、「画一的な教員像を求めることは避け、生涯にわたり資質能力の向上を図るという前提に立って、全教員に共通に求められる基礎的・基本的な資質能力を確保するとともに、さらに積極的に各人の得意分野づくりや個性の伸長を図ることが大切である。結局は、このことが学校に活力をもたらし、学校の教育力を高めることに資するものと考える。」とまとめられている。

　この答申で注目されるのは、「専門職としての教師」の枠組みが提示されたことである。周知のごとく1966（昭和41）年のユネスコ特別政府間会議において決議された「教員の地位に関する勧告」は、教師の専門職的性格を初

めて国際的レベルで確認した勧告として有名だが、我が国においては、この答申によってその教師の専門職性の基本的枠組みが明確化されたと言ってよいだろう。

④2005年中央教育審議会答申

　2005（平成17）年10月26日の中央教育審議会答申「新しい時代の義務教育を創造する」の第2章「教師に対する揺るぎない信頼を確立する」では、あるべき教師像を明示している冒頭部分において、「人間は教育によってつくられると言われるが、その教育の成否は教師にかかっている」ことが示された。

　さらに、優れた教師の条件として、「教職に対する強い情熱」「教育の専門家としての確かな力量」「総合的な人間力」の3つの要素が重要であることが示されている。

　「教職に対する強い情熱」とは、「教師の仕事に対する使命感や誇り、子どもに対する愛情や責任感など」のことであり、また「変化の著しい社会や学校、子どもたちに適切に対応するため、常に学び続ける向上心を持つことも大切」であるとされている。「教育の専門家としての確かな力量」とは、「教育のプロ」の所以たる「子ども理解力、児童・生徒指導力、集団指導の力、学級作りの力、学習指導・授業作りの力、教材解釈の力」などの力量のことである。「総合的な人間力」とは、「豊かな人間性や社会性、常識と教養、礼儀作法をはじめ対人関係能力、コミュニケーション能力などの人格的資質」のことであり、あわせて、「教職員全体と同僚として協力していくことが大切である」とし、いわゆる「同僚性」についても言及されている。この同僚性については、従来の答申での教師像では、スーパー教師的な教員養成を目指す傾向が強かった教員養成からの転換と見なすこともできる。これは、後の「チームとしての学校」の組織的活動の教育的意味を考える時に重要な視点であると思われる。

⑤2006年中央教育審議会答申

2006（平成18）年7月11日の中央教育審議会答申「今後の教員養成・免許制度の在り方について」では、「これからの社会と教員に求められる資質能力」について、冒頭で「教員には、不断に最新の専門的知識や指導技術等を身に付けていくことが重要となっており、『学びの精神』がこれまで以上に強く求められている。」としつつ、「社会の大きな変動に対応しつつ、国民の学校教育に対する期待に応える」ために必要な教員の資質能力について、1997年の教育職員養成審議会第一次答申や、先述した2005年10月の答申を踏まえ、これらの答申で示した基本的な考え方は今後とも尊重していくことが適当であると述べている。そして「むしろ、変化の激しい時代だからこそ、変化に適切に対応した教育活動を行っていく上で、これらの資質能力を確実に身に付けることの重要性が高まっている」としている。また、「教職は、日々変化する子どもの教育に携わり、子どもの可能性を開く創造的な職業であり、このため、教員には、常に研究と修養に努め、専門性の向上を図ることが求められている。教員を取り巻く社会状況が急速に変化し、学校教育が抱える課題も複雑・多様化する現在、教員には、不断に最新の専門的知識や指導技術等を身に付けていくことが重要となっており、『学びの精神』がこれまで以上に強く求められている。」と締めくくられている。こうした教師に対する「学びの精神」の強調は、2009（平成21）年に導入された教員免許の更新講習への流れの出発点と見なすこともできよう。教職に対する不断な知識や技能の更新（リニューアル）は、自律的な教師が目指すべき資質能力の育成として重要な視点であったと言われている。

⑥2012年中央教育審議会答申

　2012（平成24）年8月28日の中央教育審議会答申「教職生活の全体を通じた教員の資質能力の総合的な向上方策について」では、これからの社会で求められる人材像を踏まえた教育の展開、学校現場の諸課題への対応を図るためには、「社会からの尊敬・信頼を受ける教員」「思考力・判断力・表現力等を育成する実践的指導力を有する教員」「困難な課題に同僚と協働し、地域

と連携して対応する教員」が必要であることが示された。

　また、教職生活全体を通じて、実践的指導力等を高めるとともに、社会の急速な進展の中で、知識・技能の絶えざる刷新が必要であることから、教員が探究力を持ち、学び続ける存在であること（「学び続ける教員像」の確立）が不可欠であるとしている。

　そして、これらを踏まえ、「これからの教員に求められる資質能力」として次のように整理している。

○　教職に対する責任感、探究力、教職生活全体を通じて自主的に学び続ける力（使命感や責任感、教育的愛情）
○　専門職としての高度な知識・技能
　・教科や教職に関する高度な専門的知識（グローバル化、情報化、特別支援教育その他の新たな課題に対応できる知識・技能を含む）
　・新たな学びを展開できる実践的指導力（基礎的・基本的な知識・技能の習得に加えて思考力・判断力・表現力等を育成するため、知識・技能を活用する学習活動や課題探究型の学習、協働的な学びなどをデザインできる指導力）
　・教科指導、生徒指導、学級経営等を的確に実践できる力
○　総合的な人間力（豊かな人間性や社会性、コミュニケーション力、同僚とチームで対応する力、地域や社会の多様な組織等と連携・協働できる力）

　こうした諸々の視点が、2015年のいわゆる中教審の三答申（184、185、186号）に集約された。中でも、184号の「これからの学校教育を担う教員の資質能力の向上について〜学び合う、高め合う教員養成のコミュニティの構築に向けて〜」にはこの答申の精神が強く反映されている。

⑦2021年中教審答申から読み取れるもの
　冒頭でも触れたように、教員の資質能力が示されている最新の答申である

2021年1月26日の中央教育審議会答申「「令和の日本型学校教育」の構築を目指して」では、「Sosiety5.0時代における教師及び教職員組織の在り方について」において、その基本的な考え方が示されている。あらためてそこから読み取れる教員養成の課題を確認しておこう。

　教師に求められる資質・能力については、これまでも述べてきたように、答申等において繰り返し提言されてきた。例えば「使命感や責任感、教育的愛情、教科や教職に関する専門的知識、実践的指導力、総合的人間力、コミュニケーション能力、ファシリテーション能力」などである。

　さらに、「時代の変化に対応して求められる資質・能力」として次のように述べられている。

　「近年では、AIやロボティクス、ビッグデータ、IoTといった技術が発展したSosiety5.0時代の到来による情報活用能力等が挙げられ、特に、学習履歴(スタディ・ログ)の利活用など、教師のデータリテラシーの向上が一層必要となってくると考えられる。時代が今後どのようなものに変わっていくのかは予測困難であるが、少なくとも考えられるのは、様々な分野で予測のできない非連続的な変化が起こっていくことであり、そうした社会に対して教師や学校は変化に背を向けるのではなく、訪れる変化を前向きに受け止めていくことが必要である。特に、GIGAスクール構想の加速により、児童生徒「1人1台端末」の教育環境が実現することで、教師がICTを活用しながら、児童生徒の個別最適な学びと、協働的な学びを実現していくことが重要である。」

3　結語的考察 ―答申から見出せる教師像の課題―

　以上のように、これまでの中央教育審議会や教育職員養成審議会の答申から見出せるのは、時代の要請に対応しながら教師の資質能力の向上を図る様々な取り組みである。特に劇的な時代の転換点においては、文教政策もド

ラステックな改革が求められ、教員養成教育にもそれが強く反映されている
ことが見て取れるが、他方で地道な取り組みが継続的に行われ、それが教師
の資質能力の向上に大きな影響をもたらしてきた点にも注意したい。こうし
た歴史的な変遷を通して、本章の課題である「地域から信頼される教員の資
質能力」について整理して見ると、教員の資質能力には大きく分けて以下の
二点にまとめることができると思われる。

①いつの時代にも求められる不変の資質能力

②時代の変化に適切に対応した、未来に生きる子どもたちを育てるための教
育活動を行っていく上で必要な資質能力

　その際に重要なのは、教師の資質能力は、「素質」というような先天的な
ものとは区別され、後天的に形成され、それは自律的に育成させていかなけ
ればならないものであり、さらに時代の変化に適切に対応していくため、教
師自身が多様な教育課題に立ち向かいながら、自己の知識や技能を絶えず刷
新する必要がある点であろう。

　以上のことをふまえると、地域から信頼される教師の資質能力においても
重要なのは、教師が自律的に、さらには自立的に学びと向き合い、その時々
の様々な教育問題を乗り越えるため、不断に「学び続ける」姿勢を維持して
いくことではないだろうか。教育的実践を積み重ねながら、個々の教師が学
び続け、教師としての資質能力を高め、チーム学校の意識の下で、組織的に
連携して行くことは、最終的には学校全体の教育力の向上にも直結するもの
ではないだろうか。そうした不断の努力が、そこで学ぶ生徒一人一人の個性
を生かし、保護者の連携を生み出し、地域が元気になっていくことにつなが
っていくように思う。それは、地域から信頼させる教師の育成にもつながっ
ていくのではないだろうか。

　現在、文部科学大臣から中央教育審議会へ、「令和の日本型学校教育」を
担う教師の養成・採用・研修等の在り方について諮問がされており、「令和
の日本型学校教育」を担う新たな教師像と教師に求められる資質能力につい

ての答申が待たれるところである^(注)。最後に、地域から信頼される教師像の事例として、茨城県の「教師像」を紹介して本章を締めくくりたい。①教育者として資質能力に優れた、人間性豊かな教師、②使命感に燃え、やる気と情熱をもって教育にあたることができる活力に満ちた教師、③広い教養を身に付け、子どもとともに積極的に教育活動のできる指導力のある教師、④子どもが好きで、子どもとともに考え、子どもの気持ちを理解できる教師、⑤心身ともに健康で、明るく積極的な教師。このような事例からも、令和の日本型学校教育を担う教師には、不易としての教師の資質能力の継承と、時代の変化に柔軟に対応でき、地域社会で活躍が期待される教師の在り方が見て取れるように思われる。

注　2022年12月19日に答申が取りまとめられた。

引用・参考文献

合田哲雄『学習指導要領の読み方・活かし方』教育開発研究所、2019年。

石井純一「地域貢献と教師の役割」長島利行・石井純一・小川哲哉著『現代教育の諸課題』青簡舎、2021年。

石川一郎『2020年からの新しい学力』SB新書、2019年。

佐喜本愛・小川哲哉・勝山吉章『歴史に学ぶ日本の教育』青簡舎、2017年。

佐藤環「現代教育の動向」佐藤環編『日本の教育史』あいり出版、2013年。

高木展郎・三浦修一・白井達夫『チーム学校を創る』三省堂、2015年。

※中央教育審議会等の答申は、文部科学省のHPから適宜ダウンロードした。

第11章　学校安全と危機管理

　安全は、学校はもちろん、社会全体においても人々が生活を営んでいく上で必要かつ不可欠な条件である。

　学校においては、児童生徒等が安全な教育環境の下で安心して活動し、学べるように様々な観点から対策を講じる必要がある。東日本大震災からの時間の経過とともに震災の記憶が風化していくことへの懸念や、豪雨等の自然災害、交通事故やSNSなどの利用をめぐるトラブルなど、従来からの対応に加え新たな危機事象への対応も迫られている。

　本章では、「『生きる力』を育む学校での安全教育」(2019年)、「学校の危機管理マニュアル作成の手引き」(2016年)(いずれも文部科学省)を参考に、学校安全の意義と内容、学校の危機管理について概観する。

1　学校安全の意義

　学校安全は、学校保健、学校給食とともに学校健康教育の3領域の一つであり、それぞれが、独自の機能を担いつつ、相互に関連を図りながら、一体的に取り組むことによって児童生徒等の健康と安全の確保を図っている。

　学校は児童生徒等が日々生活し様々な教育活動を行う場であり、児童生徒等の年齢や発達段階にも配慮したあらゆる角度から安全が確保される必要がある。また、児童生徒等は守られるべき対象であるが、一方で、学校教育活動全体を通じ、自らの安全を確保することのできる基礎的な資質・能力を継続的に育成していくことが求められており、自他の生命尊重の理念を基盤として、生涯にわたって健康・安全で幸福な生活を送るための基礎を培うとともに、進んで安全で安心な社会づくりに参加し貢献できるような資質・能力

を育成することも重要である。

　学校安全の領域として、「生活安全」「交通安全」「災害安全」の3つがある。「生活安全」の領域は、学校・家庭など日常生活で起こる事件・事故を取り扱う。地震や風水害などの自然災害、授業や体育、運動部活動などの学校教育活動中の事故、熱中症、食物アレルギー、不審者侵入、誘拐や傷害などの犯罪被害防止も含まれる。「交通安全」の領域は、登下校時の交通事故や自転車の取扱いなど、様々な交通場面における危険と安全、事故防止が含まれる。「災害安全」の領域は、地震・津波災害、火山災害、風水（雪）害等の自然災害に加え、火災や原子力災害も含まれる。

　近年の自然災害の状況や交通事故・犯罪等に関する社会的な情勢の変化、SNSの普及など新たな課題も懸念されている現状に対応し、「生きる力」を育むことを目指す学校教育の目標を着実に実現していくためには、学校における組織的な安全管理の一層の充実を図ることや、安全で安心な学校施設等を整備するとともに、児童生徒等がいかなる状況下でも自らの命を守り抜き、安全で安心な生活や社会を実現するために主体的に行動する態度を育成する安全教育を一層推進することが不可欠である。また、学校を取り巻く危機事象は時代や社会の変化に伴って変わっていくものであり、従来想定されなかった新たな危機事象の出現などに応じて、学校安全の在り方を柔軟に見直していくことが必要となる。

2　学校安全の体系と法的根拠

　学校安全の活動は、安全教育と安全管理、組織活動の3つの活動から構成される。安全教育は、児童生徒等が自らの行動や様々な危険を制御して自ら安全に行動したり、他の人や社会の安全のために貢献したりできるようにすること、安全管理は、児童生徒等を取り巻く環境を安全に整えること、そして組織活動は、両者の活動を円滑に進めるための校内体制構築や教職員研修、

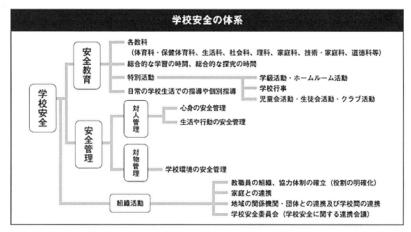

図11-1　「『生きる力』を育む学校での安全教育」12頁

家庭や地域との連携などである。

　また、安全教育と安全管理は相互に関連付けて組織的に行う必要があるとともに、学校安全に関する組織活動を円滑に進めることが重要となる。

　学校における安全教育は、主に学校教育法等に基づき、各学校で教育課程（カリキュラム）を編成する際の基準として定める学習指導要領等を踏まえ、地域や学校の実態に応じて、学校の教育活動全体を通じて実施され、学校における安全管理・組織活動は、主に学校保健安全法に基づいて実施される。また、学校安全の推進に関する施策の方向性と具体的な方策は、「学校安全の推進に関する計画」に定められており、これらを踏まえて学校安全の取組を進めていく必要がある。

（1）安全教育

　安全教育は、日常生活全般における安全確保のために必要な事項を実践的に理解し、自他の生命尊重を基盤として、生涯を通じて安全な生活を送る基礎を培うとともに、進んで安全で安心な社会づくりに参加し貢献できるよう

な資質・能力の育成を目指すものである。

　安全に関する資質・能力は、2016年の中教審答申、「幼稚園、小学校、中学校、高等学校及び特別支援学校の学習指導要領等の改善及び必要な方策等について（答申）別紙」で、現代的な諸課題に対応して求められる資質・能力の一つの例として、次のように示されている（別紙４）。

（知識・技能）
　様々な自然災害や事件・事故等の危険性、安全で安心な社会づくりの意義を理解し、安全な生活を実現するために必要な知識や技能を身に付けていること。
（思考力・判断力・表現力等）
　自らの安全の状況を適切に評価するとともに、必要な情報を収集し、安全な生活を実現するために何が必要かを考え、適切に意思決定し、行動するために必要な力を身に付けていること。
（学びに向かう力・人間性等）
　安全に関する様々な課題に関心をもち、主体的に自他の安全な生活を実現しようとしたり、安全で安心な社会づくりに貢献しようとしたりする態度を身に付けていること。

　各学校においては、これを踏まえ、児童生徒等や学校、地域の実態及び児童生徒等の発達の段階を考慮して学校の特色を生かした目標や指導の重点を計画し、教育課程を編成・実施していくことが重要である。その中で、日常生活において、危険な状況を適切に判断し、回避するために最善を尽くそうとする「主体的に行動する態度」を育成するとともに、危険に際して自らの命を守り抜くための「自助」、自らが進んで安全で安心な社会づくりに参加し、貢献できる力を身に付ける「共助、公助」の視点からの安全教育を推進することが重要である。

　具体的には、学習指導要領を踏まえ、地域や学校の実態に応じ、また、教科等横断的な視点で学校教育活動全体を通じて実施されるものである。2017年に公示された小学校学習指導要領の総則では、安全に関する指導については、「体育科、家庭科及び特別活動の時間はもとより、各教科、道徳科、外

国語活動及び総合的な学習の時間などにおいてもそれぞれの特質に応じて適切に行うよう努めること。また、それらの指導を通して、家庭や地域社会との連携を図りながら、日常生活において適切な体育・健康に関する活動の実践を促し、生涯を通じて健康・安全で活力ある生活を送るための基礎が培われるよう配慮すること。」とされるとともに、「教育課程の編成に当たっては、学校安全計画など、各分野における学校の全体計画等と関連付けながら、効果的な指導が行われるよう配慮するものとする。」とされている。なお、中学校学習指導要領（2017年公示）、高等学校学習指導要領（2018年公示）でも同様の規定がある。

（2）安全教育の内容

　安全教育の内容は、「生活安全」、「交通安全」、「災害安全」の3領域に分けられる。

　「生活安全」の領域は、日常生活で起こる事件・事故の内容や発生原因、結果と安全確保の方法について理解し、安全に行動ができるようにするもので、具体的内容は、学校、家庭、地域などでの日常生活の様々な場面における危険の理解と安全な行動の仕方、通学路の危険と安全な登下校の仕方、事故発生時の通報と心肺蘇生法などの応急手当などであるが、最近のSNSなどインターネット利用に係る犯罪被害の防止なども重要となっている。

　「交通安全」の領域は、様々な交通場面における危険について理解し、安全な歩行、自転車・二輪車(自動二輪車及び原動機付自転車)等の利用ができるようにするもので、具体的内容は、道路の歩行や道路横断時、踏切での危険の理解と安全な行動の仕方、自転車の点検・整備と正しい乗り方、交通法規の正しい理解と遵守などである。

　「災害安全」の領域は、様々な災害発生時における危険について理解し、正しい備えと適切な判断ができ、行動がとれるようにするもので、具体的内容は、火災発生時、地震・津波発生時における危険の理解と安全な行動の仕

方、風水（雪）害、落雷等の気象災害及び土砂災害発生時における危険の理解と安全な行動の仕方、放射線の理解と原子力災害発生時の安全な行動の仕方などである。

　(3) 安全管理・組織活動
　学校保健安全法は学校安全に関して学校や設置者が果たすべき役割を規定している。
　学校の設置者に対する責務については第26条で、学校における児童生徒等の安全確保に向けた必要な措置を講じるよう努めるよう規定している。
　また、学校の果たすべき安全管理について、第27条では施設及び設備の安全点検、児童生徒等への安全に関する指導、職員研修、学校安全計画の策定・実施を定めている。第28条では学校の施設または設備に支障がある場合は校長に改善のための必要な措置を講ずる義務を課している。第29条では、危険等発生時対処要領作成などを定めている。
　学校や設置者は、これらの規定の趣旨を十分に踏まえて、安全管理・組織活動に取り組むことが必要である。

学校保健安全法（平成21年4月施行）
第26条　学校の設置者は、児童生徒等の安全の確保を図るため、その設置する学校において、事故、加害行為、災害等により児童生徒等に生ずる危険を防止し、及び事故等により児童生徒等に危険又は危害が現に生じた場合において適切に対処することができるよう、当該学校の施設及び設備並びに管理運営体制の整備充実その他の必要な措置を講ずるよう努めるものとする。
第27条　学校においては、児童生徒等の安全の確保を図るため、当該学校の施設及び設備の安全点検、児童生徒等に対する通学を含めた学校生活その他の日常生活における安全に関する指導、職員の研修その他学校における安全に関する事項について計画を策定し、これを実施しなければならない。
第28条　校長は、当該学校の施設又は設備について、児童生徒等の安全の確保を図る上で支障となる事項があると認めた場合には、遅滞なく、その改善を図

るために必要な措置を講じ、又は当該措置を講ずることができないときは、当
該学校の設置者に対し、その旨を申し出るものとする。
第29条　学校においては、児童生徒等の安全の確保を図るため、当該学校の実
情に応じて、危険等発生時において当該学校の職員がとるべき措置の具体的内
容及び手順を定めた対処要領（危険等発生時対処要領）を作成するものとする。

3　第3次学校安全の推進に関する計画

　学校安全に係る基本的方向性と具体的な方策は、「学校安全の推進に関す
る計画」に定められており、これらを踏まえて学校安全の取組を進めていく
必要がある。

　2022年3月に策定された、2022年度から2026年度を計画期間とする「第3
次学校安全の推進に関する計画」では、今後の学校安全の目指すべき姿とし
て、以下の2点を掲げ、学校安全の組織的取組の推進や安全教育の充実、
PDCAサイクルの確立を通じた事故等の防止など各種の施策を推進するこ
ととしている。

（1）全ての児童生徒等が、自ら適切に判断し、主体的に行動できるよう、安全
に関する資質・能力を身に付けること。
（2）学校管理下における児童生徒等の死亡事故の発生件数について限りなくゼ
ロにすること、学校管理下における児童生徒等の負傷・疾病の発生率について
障害や重度の負傷を伴う事故を中心に減少させること。

　全ての学校では、この目標に向かって、刻々と変化する自然状況や社会状
況に対応し、児童生徒等を取り巻く多様な危険を的確に捉え、児童生徒等の
発達の段階、地域特性に応じた取組を継続的に着実に推進する必要がある。

　なお、第3次学校安全の推進に関する計画では策定に向けたこれまでの成
果と課題を次のように指摘している。

　・様々な計画やマニュアルが整備されつつも必ずしも実効的な取組に結び

ついていない。

・地域、学校設置者、学校、教職員の学校安全の取組内容や意識に差がある。

・東日本大震災の記憶を風化させることなく今後発生が懸念される大規模災害に備えた実践的な防災教育を全国的に進めていく必要がある。

・学校安全の中核となる教職員の位置付け及び研修充実について学校現場の実態が追い付いていない。

・様々なデータや研究成果が学校現場で実際に活用されていない。

・計画自体のフォローアップが不十分なため十分に進捗が図られていない事項がある。

このため、第3次学校安全の推進に関する計画策定に向けて、国は、学校及び学校設置者において取組がより実効的なものとなるよう、学校安全計画・危機管理マニュアルを見直すサイクルの構築を全国的に推進するとともに、必要な施策を実効的に進めるための施策の充実、計画における主要な指標の設定や進捗管理の改善に取り組まなければならない、として地方公共団体や学校設置者と連携・協力の下、各学校が学校安全に取り組みやすくなるよう支援していくことが必要であるとしている。

4　学校安全計画

学校保健安全法第27条は、全ての学校で学校安全計画の策定・実施を義務付けている。学校安全計画は、安全教育の各種計画に盛り込まれる内容と安全管理の内容とを関連させ、統合し、全体的な立場から、年間を見通した安全に関する諸活動の総合的な基本計画である。学校安全計画には、①学校の施設及び設備の安全点検、②児童生徒等に対する通学を含めた学校生活その他の日常生活における安全に関する指導、③職員の研修に関する事項について計画を策定する必要がある。

　学校安全の取組については、全ての教職員が学校安全の重要性を認識し、様々な取組を全教職員で役割分担しながら総合的に進めることが求められていることから、学校安全計画の策定の過程から、各学校の学校安全の運営方針や指導の重点事項、取組のねらい・内容等について全教職員の共通理解が図られるよう配慮するとともに、役割分担を明確にしつつ体制を整え、計画に基づく取組を進めていくことが重要である。さらに、保護者や関係機関・関係団体等と連携協力を図ることが重要であることから、学校安全に関する基本的な方針を教職員・保護者・地域住民と共有し、学校安全計画の内容について、協議への参画を要請したり、周知したりすることが必要である。

　また、児童生徒等の安全を守るための取組が適切に行われるようにするためには、PDCA サイクルの中で、指導や訓練等計画に記載された事項の実施状況、日々の活動を通して得られた情報等を基に、内容や手段及び学校内の取組体制、地域との連携などが適切であったかなど、定期的に取組状況を振り返り、点検し、改善していくことが必要である。

　さらに、学校や児童生徒等を取り巻く環境が年々変化し、新たな危機事象や各地域でこれまで想定されていなかった災害等が発生していることから、学校は、学校や地域の安全上の課題や対策を検証し、学校安全計画や取組を毎年見直すことが必要である。また、全国各地において発生する様々な事故等を踏まえ、適宜検証・改善を行っていくことも必要である。

5　危機管理と危機管理マニュアルの作成

　学校安全の取組を推進する中で、学校の安全を脅かす事故等の発生に備えて、学校において適切かつ確実な危機管理体制を確立しておくことが重要である。

　危機管理とは、「人々の生命や心身等に危害をもたらす様々な危険や災害が防止され、万が一事故等が発生した場合、発生が差し迫った状況において、

被害を最小限にするために適切かつ迅速に対処すること」とされる。学校において危機管理の目的は、児童生徒等や教職員の生命や心身等の安全を確保することである。

　適切な危機管理を行うためには、学校ごとに危機管理マニュアルを作成し、日常及び緊急時に適切に対応できるよう全教職員の共通理解を図るとともに不断の検証・改善が必要である。

　学校保健安全法第29条で、学校は危機管理マニュアルを作成するものとされている。危機管理マニュアルは、危機管理を具体的に実行するための必要事項や手順等を示したものであり、新年度のできる限り早期に作成し、教職員の役割の明確化と教職員の理解が必要である。また、継続的に PDCA サイクルの中で、訓練、評価、改善を繰り返し計画的に見直し・改善を行う必要がある。具体的には、次図のように各学校の実情を踏まえて作成するが、

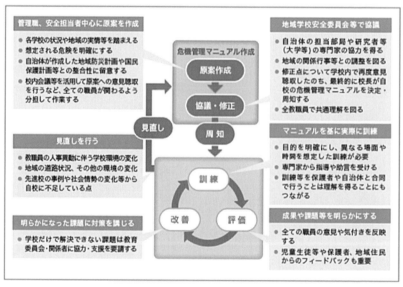

図11-2　「学校の危機管理マニュアル作成の手引き」 2頁

一度作成した後も、訓練、評価、改善を繰り返し行っていくことが必要となる。見直し・改善のポイントとしては、人事異動等による分担や組織の状況、施設・設備や通学路の状況、児童生徒等の状況、地域や関係機関との連携状況などの変化や確認、また、各種訓練や研修などで発見された問題点や課題などを踏まえて計画的に改善を図ると効果的である。

6　学校における危機管理

　学校における危機管理は、①事前の危機管理、②個別の危機管理、③事後の危機管理の三段階がある。学校においては、各段階において、とるべき対応をあらかじめ整理し、教職員が迅速かつ的確な判断で対応することで事態の悪化を最小限にとどめ、児童生徒等の安全を確保するとともに、児童生徒等の安全確保を確実にするため、学校内外における学習時だけでなく、通学時、休み時間、給食の時間、学校行事等や、校長等が不在の場合など、様々な場面を想定し、多様な事件・事故に十分対応できるように事前に綿密に計画を立てておく必要がある。

（1）事前の危機管理

　事前の危機管理は、学校環境、学校生活、通学路等の安全な環境を整備し、事故等を未然に防止することを目的とする。

　学校における危機管理体制の整備については、各学校の実態に応じ、想定される危険等を明確にし、家庭・地域・関係機関との連携など、体制の整備が重要となる。

　学校においては、管理職のリーダーシップの下、児童生徒等の安全確保のために学校安全の中核となる教員の役割の明確化、研修等の充実とともに、教職員全体で学校安全に取り組む組織づくりを進めること、さらに、学校、家庭、地域、関係機関等が、連携・協働に係る体制を構築し、それぞれの責

表11-1　「『生きる力』を育む学校での安全教育」55頁

安全点検の種類	時期・方法等	対　象	法的根拠等
定期の安全点検	毎学期1回以上計画的に、また教職員全員が組織的に実施	児童生徒等が使用する施設・設備及び防火、防災、防犯に関する設備などについて	毎学期1回以上、幼児、児童、生徒又は学生が通常使用する施設及び設備の異常の有無について系統的に行わなければならない（規則28条第1項）
	毎月1回計画的に、また教職員全員が組織的に実施	児童生徒等が多く使用すると思われる校地、運動場、教室、特別教室、廊下、昇降口、ベランダ、階段、便所、手洗い場、給食室、屋上など	明確な規定はないが、各学校の実情に応じて、上記（規則28条第1項）に準じて行われる例が多い
臨時の安全点検	必要があるとき・運動会や体育祭、学芸会や文化祭、展覧会などの学校行事の前後・暴風雨、地震、近隣での火災などの災害時・近隣で危害のおそれのある犯罪（侵入や放火など）の発生時など	必要に応じて点検項目を設定	必要があるときは、臨時に、安全点検を行う（規則28条第2項）
日常の安全点検	毎授業日ごと	児童生徒等が最も多く活動を行うと思われる箇所について	設備等について日常的な点検を行い、環境の安全の確保を図らなければならない（規則29条）

任と役割を分担しつつ、地域ぐるみでの防犯・交通安全・防災等の取組を行うことや、日常的に地域の関係者との情報共有、意見交換が必要である。

　学校保健安全法施行規則第28条では、「毎学期1回以上、児童生徒等が通

常使用する施設及び設備の異常の有無について系統的に行わなければならない。必要があるときは、臨時に、安全点検を行うものとする。」、続く第29条では、「設備等について日常的な点検を行い、環境の安全の確保を図らなければならない。」としており、安全点検は定期的、臨時的、日常的に例えば左表のように行うこととされている。

　また、避難訓練を実施することによって、危険等発生時における教職員の役割の明確化や児童生徒等が安全に避難できる態度や能力を養っておくことが重要である。

　想定される危険等によって避難訓練の内容や避難行動は異なるが、学校での授業中だけでなく様々な条件状況を想定しておく必要がある。また、訓練が形式的、表面的にならないように工夫するとともに、火災を想定した訓練に偏らないようにすることも必要となる。

（2）個別の危機管理

　個別の危機管理は、事故等が発生した場合において様々な事故等への具体的な対応によって被害を最小限に抑える危機管理である。学校管理下において事故等が発生した際、学校及び設置者は、児童生徒等の生命と健康を最優先に、迅速かつ適切な対応を行うことが重要である。また、事故は不審者による事故や交通事故、校舎からの転落や熱中症、アレルギーによるアナフィラキシー等の事故、自然災害等、発生した事故の内容や状況によって対応や留意点が異なるため、すべての教職員が様々な事故等に対応できるよう、日頃からその役割や手順について理解し、身に付けておくことが大切であるとともに、保護者・関係機関等との緊急連絡体制や、地域の関係機関との連絡・協力体制を整備しておくことが重要となる。万が一、学校内で事故等が発生した場合、次頁図に示すような事故発生直後の迅速な対応により、組織として機動的に対応できる体制を整えておくとともに、被害を最小限に抑える対処が重要である。

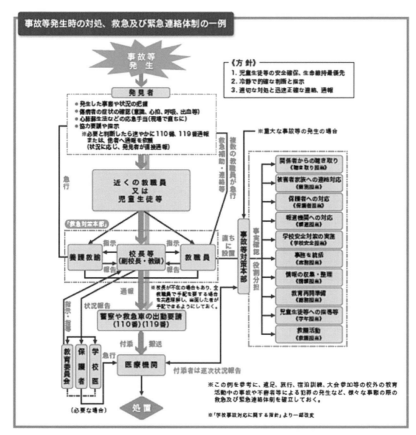

図11-3 「学校の危機管理マニュアル作成の手引き」18頁

(3) 事後の危機管理

　事故等は、授業中に発生するとは限らない。登下校途中や遠足、部活動中などの多様な状況下で発生するおそれがある。事故発生後は、児童生徒等の安全の確認が重要であるが、こうした多様な状況下でも安否確認できる体制を整えておく必要がある。また、学校内にいる状況で事故等が発生した場合、安全を確保した下校方法等を検討し、学校に待機させるか、保護者に引き渡

すかなど、状況把握のうえで安全を第一にした判断が求められる。

　事故発生後、児童生徒等の安全が確保された後は、その後の対応や対策について検討し、教育活動の継続、再開について決定することになる。事故等の状況、被害の程度や範囲などによっては、教育活動の継続、再開が困難なことも考えられ、臨機な対応が求められる。

　児童生徒等が事故等に遭遇した場合、心のケアが必要となることが考えられる。学校は養護教諭を中心として、保護者等の情報や調査、健康観察などによって心身の健康状態の把握に努め、回復に向けて、教職員のほか、スクールカウンセラーや学校医等の専門家との連携、支援体制を確立し、児童生徒等の心のケアに努めることが重要である。

（4）学校事故の状況と事故防止の留意点

　学校で発生した事故等について、独立行政法人日本スポーツ振興センター「学校の管理下の災害（令和3年版）」で、事故等の発生の傾向を小学校、中学校、高等学校等・高等専門学校別に概観すると、どこで、どんな時に、どんな事故が発生しているのか浮かび上がってくる。

　小学校では、「休憩時間」に最も多く発生し、全体の約半数を占めている。場所別では「運動場・校庭」で最も多く発生し、次いで「体育館・屋内運動場」、「教室」が多い。

　中学校では、「課外指導」中に最も多く発生しており、「課外指導」のほとんどは「体育的部活動」によるものである。場所別では、「体育館・屋内運動場」、「運動場・校庭」に多く発生している。次いで、「道路（学校外）」、「教室」、「運動場・競技場（学校外）」が多い。

　高等学校等・高等専門学校では、「課外指導」中に最も多く発生している。「課外指導」のほとんどが「体育的部活動」によるものである。場所別では、「体育館・屋内運動場」と「運動場・校庭」で、全体の約7割以上を占めている。

部位別に見てみると、小・中学校では、「手・手指部」が最も多く、次いで「足関節」となっている。高等学校等・高等専門学校では、「足関節」、「手・手指部」の発生が多い。

　事故防止の留意点については、小学校では事故等の発生には毎年同じような傾向がみられることから、児童生徒等の発達段階や特性を踏まえて、教員が十分な安全面での環境的な配慮をしなければならない。中学校や高等学校等においては、「課外指導」、特に「体育的部活動」中の事故が多く発生していることから、練習場所、施設設備、用具の安全点検に十分注意を払う必要がある。また、悪ふざけや喧嘩による事故も多く、安全指導とともに、生徒指導も不可欠である。心停止によると考えられる事故も見られるが、胸骨圧迫や AED によって救命ができていた。AED を含む救命措置とともに発生防止が重要である。

　このように、学校で発生する事故等は多様であり、多岐にわたるが、児童生徒等が安心して学校生活が送れる安全な学校教育環境を整えるために、学校、教職員は一層真摯に安全確保に努めていかなければならない。

引用・参考文献

　独立行政法人日本スポーツ振興センター『学校の管理下の災害（令和 3 年版）』2021年。

　文部科学省『学校事故対応に関する指針』2016年。

　文部科学省『学校の危機管理マニュアル作成の手引き』2018年。

　文部科学省『学校安全資料「生きる力」をはぐくむ学校での安全教育』2019年。

第12章　キャリア教育と職業指導

1　生徒指導における進路指導

(1) 生活指導と生徒指導

　第二次世界大戦後に行われた学制改革以降、初等・中等学校における生活指導は個人の自主性と民主主義の実現を目標として出発し、討議型の学習や自治活動が奨励された。1947（昭和22）年の学習指導要領（試案）では小学校や新制中学校における生活指導の中心を、教科の発展として行う活動・クラブ組織の活動・児童生徒が学校や学級に対する責任を果たすための「自由研究」に置いた。新しい試みである「自由研究」は、児童生徒による題材について興味や能力に応じて個性を伸ばす自主的・自発的学習を行うほか、学年の枠を取り去り教師や上級生も交えて同好者が集まり教科学習を深め、また音楽、書道、絵画などのクラブを組織しようとするものであった。

　この時期の生活指導理論はアメリカのガイダンスの考え方に依拠していた。ガイダンスの本質は、個人が生活上の困難な場面・問題に遭遇したときに合理的な選択・解釈・適応ができるよう指導・助言を与えるとともに自己解決能力を伸長させることにある。

　しかし学校現場では学校経営・学級経営の必要性から集団指導に問題関心が集中したため、1951（昭和26）年の学習指導要領改訂により自由研究は廃止され、生活指導を行う領域は小学校で「教科以外の活動」、中学校で「特別教育活動」と呼ばれることとなった。その内容として、学校の経営等に協力する活動と学級単位の活動が挙げられ、生活指導の中心は個人へのガイダンスから集団指導へと移行していった。

　生活指導が人間としての生き方に関わるということになると道徳教育との

関連が濃厚となる。道徳に関する考え方が個人の自主性を超えた指導項目になると、生活指導と道徳教育との関係に齟齬が生じてしまう。1958（昭和33）年の学校教育法施行規則一部改正により教育課程は、各教科・道徳（特設）・特別教育活動・学校行事等で編成されることになった。学校現場では、生徒指導を最も基礎的なものとする立場から教育課程区分は人為的であると批判があがる一方、道徳（特設）の必要性を主張する立場からは生活指導は漠然とした概念であるので道徳教育の徹底を期すことはできず、道徳の時間により児童生徒の道徳性を内面的な自覚にまで深める組織的な指導計画をたて実施する必要があるとした。

（2）学習指導要領における職業指導から進路指導への移行
①職業指導

　昭和初年に職業指導を学校教育へ導入することとなり大日本職業指導協会が設立されその充実を図ることとなったが、1938（昭和13）年の国家総動員法により学校における職業指導は大きく後退した。

　第二次世界大戦後の学制改革に伴い、職業教育は新制中学校で復活し、1947年の学習指導要領進路指導編（試案）では、職業教育に関する定義等として「職業指導は個人が職業を選択し、その準備をし、就職し、進歩するのを援助する過程である」とした。そしてアメリカのガイダンスや職業指導理論・技術を参考にして、学校における職業指導の目標を、(a) 各種の職業および職業人についての理解をもたせること、(b) 就職および進学の機会についての理解をもたせること、(c) 労働愛好の精神および態度を養成すること、(d) 職業および職業生活における研究的態度を育成すること、(e) 基礎的職業技能および応用の能力を養うこと、(f) 個性の自覚とその伸長をはかること、(g) 適当な職業を選択する能力を養成すること、(h) 適切な相談をすること、(i) 適切な就職指導をすること、(j) 適切な輔導をすること、を挙げた。

②進路指導

　昭和30年代以降、高等学校進学者の激増により中学校における職業指導の比重が低減していく。1958年の中学校学習指導要領において、従前の「職業指導」の文言を「進路指導」に改めるとともに、教育課程において「教科以外の教育活動」として加えられた「特別教育活動」に含まれる「学級活動」に進路指導が位置づけられ、進学・就職の別なく全生徒に対して進路指導を行うことが強調された。激増する高等学校進学希望者に対して、進路指導の名のもとに進学指導の充実を企図したものと評価されるが、他方、進路指導に十分な関心・素養のない多くの教師にその指導を委ね職業指導の専門家育成を放置することとなり、その後の進路指導の発展を阻却したとも指摘されている。また進路指導と生徒指導とが別々の機能として学校教育に位置づけられたため、進路指導で中心的役割が期待されるカウンセリングが行われなくなった。職業指導から進路指導へと移行しようとしたこの時期において、中学校では学級を、高等学校ではホームルームにおける「特別活動」を通じて進路指導が展開された。

　1989（平成元）年の学習指導要領改訂では「新しい学力観」として「児童生徒の内発的学習意欲を喚起し、思考力、判断力、表現力、行動力を学力の基本とする学力観」が提唱され、進路指導は「生き方の指導」であり「生徒が自らの生き方を考え、主体的に進路を選択することができるよう学校の教育活動全体を通じて計画的、組織的な進路指導を行うこと」、「人間としての生き方についての自覚を深め、自己を生かす能力を養うこと」が強調された。

2　職業指導

　1947年の新制中学校では必修及び選択教科として「職業（農業・商業・水産・工業・家庭）」が設定されたものの、1949（昭和24）年に「職業・家庭科」となり、さらに1951年の学習指導要領改訂により職業・家庭科における職業

指導の役割は特別教育活動（のち特別活動）に移行した。1953（昭和28）年には職業指導主事の設置が可能となったけれども、財政的事情により職業指導免許がなくとも教員免許があれば職業指導主事に任命できることとなり、さらに1958年の学習指導要領改訂で職業・家庭科が「技術・家庭科」となって職業科が消滅したため、職業指導は進路指導と名称変更され全教員が対応することとなった。現在でも教育職員免許法上、中学校では「職業」や「職業指導」免許の規定はあるが、教員採用時にその免許を要求することは皆無と言って良い。このことが、中学校や普通科高等学校における職業指導の素人化を招いた一因とされる。

2017（平成29）年に教育職員免許法が改正され、小学校・中学校・高等学校の教員免許の取得要件として「進路指導およびキャリア教育の理論及び方法」が追加され、職業に関する専門知識を持った教員の供給が企図された。

3 自己実現

自己実現（self-actualization）とは、自己を充実させたいという人間の欲求である。この用語の初出はゴールドシュタイン（Goldstein, K.）であるが、マズロー（Maslow, A. H.）が提唱した欲求階層理論における自己実現の理論が耳目をひいた。

マズローは人間の行動における動機について、ピラミッド階層を構成する5段階の欲求を示した。すなわち、①生理的要求（食物、飲物、性、睡眠など）、②安全要求（危険や恐怖を避け予測可能な安全性）、③所属と愛の欲求（親や友人などに愛され集団の中で地歩を占めたい）、④承認要求（自己による承認と他者からの承認）、⑤自己実現の要求（自己の可能性を現実化しようとする欲求）である。ただ、この理論に対しては、特異なサンプルに依拠しており一般化できないなどの批判がある。

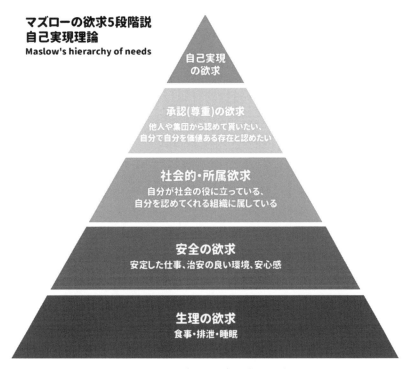

図12-1　マズローの自己実現理論

4　キャリア教育

（1）キャリア教育とは

　キャリア教育（career education）とは、キャリアを活かして現在や将来を見据えるための教育である。

　キャリア（career）の意味について確認しておくと、辞書的意味として経歴・生涯・身を立てる道・職業・出世、次に経歴・前進である。その語源は、ラテン語の「車道」や「轍」を意味しており、「進路」または「経歴」と翻訳されることが一般的である。そのほか、日本キャリア教育学会（旧進路指

表12-1　日本における職業指導・進路指導・キャリア教育の定義

提唱部局	提唱年	定義
文部省	1955 （昭和30）	学校における職業指導は、個人資料、職業・学校情報、啓発的経験および相談を通じて、生徒がみずから将来の進路の選択、計画をし、就職または進学して、さらにその後の生活によりよく適応し、進歩する能力を伸長するように、教師が教育の一環として、組織的、継続的に援助する過程である。
	1961 （昭和36）	進路指導とは、生徒の個人資料、進路情報、職業・学校情報、啓発的経験および相談を通じて、生徒がみずから、将来の進路の選択、計画をし、職業または進学して、さらにその後の生活によりよく適応し、進歩する能力を伸長するように、教師が組織的、継続的に指導・援助する過程をいう。
	1975 （昭和50）	進路指導は、生徒の一人ひとりが、自分の将来の生き方への関心を深め、自分の能力・適性等の発見と開発に努め、進路の世界への知見を広くかつ深いものとし、やがて自分の将来の展望を持ち、進路の選択・計画をし、卒業後の生活によりよく適応し、社会的・職業的自己実現を達成していくことに必要な生徒の自己指導能力の伸長を目指す、教師の計画的、組織的、継続的な指導・援助の過程である。
日本進路指導学会	1987 （昭和62）	学校における進路指導は、在学青少年がみずから、学校教育の各段階における自己と進路に関する探索的・体験的諸活動を通じて自己の生き方と職業の世界への知見を広め、進路に関する発達課題と主体的に取り組む能力、態度を養い、それによって、自己の人生設計のもとに、進路を選択・実現し、さらに卒業後のキャリアにおいて、自己実現を図ることができるよう、教師が、学校の教育活動全体を通して、体系的、計画的、継続的に指導・援助する過程である。

参考：春日井敏之・山岡雅博編『生徒指導・進路指導』ミネルヴァ書房、2019年、108頁。

導学会）では、「一人の人間が生涯にわたって踏み行き形成する職業経歴の全体」であると定義し（1989）、D. E. Super は「Career」を Life Work Rainbow、すなわち「仕事を含むさまざまな役割の統合」と説明した。

(2) アメリカのキャリア教育

1970年代からアメリカ合衆国連邦教育局の主導により全米で展開された「すべての人にキャリア教育を」をモットーとする教育改革運動は、幼稚園から成人教育までの教育をキャリア発達（career development）の視点から再編成しようとした。

当時のキャリア教育は、①一部の学習者のためではなく、すべての学習者のカリキュラムを、②学校では就学前・初等学校の初年度生から中等学校またはそれ以上の学校段階まで継続して行い、③学校教育を修了する学習者のすべてに基礎的技術、思考・判断・意志決定する能力・技術、職業技術、という三つの技術を習得させようとするものであった。

このようなキャリア教育が必要となった社会的背景には、失業、非行、ドロップ・アウトや職業的未成熟などの青少年問題が顕在化する一方、大学進学率が上昇することにより学校教育における職業教育が衰微して十分な職業的能力や勤労観・職業観が形成されないまま若者が社会に出ていくこととなり、経済的国際競争力の低下や失業者増大などが加速したことが指摘されている。

1971（昭和46）年にアメリカ連邦教育局はマーランド（Marland, S. P.）の「キャリア教育は、初等・前期中等教育段階では、児童生徒に職業的世界を感覚的に知らせ、後期中等教育・大学段階では多くのキャリアのなかから注意深く選ばれたキャリアに入り進歩するよう準備する組織的方法である。成人にとっては、再度、学校に入学して、自らが確立しつつあるキャリア分野でさらなる技術の向上を図るほか、新しい分野に挑戦することを可能とする方法である」という提案により、各学校段階の教育目標が発達段階に応じて

設定されるとともに、従来の一般教育、職業教育、進路指導はキャリア教育を構成するように再編された。

（3）日本のキャリア教育

　フリーターの増加など若年層の雇用・就業問題がクローズアップされるなか、1999（平成11）年の中央教育審議会は「初等中等教育と高等教育との接続について」を答申し、「学校と社会および高等教育の円滑な接続を図るための教育（望ましい職業観、勤労観および職業に関する知識や技能を身に付けるとともに、自己の個性を理解し、主体的に進路を選択する能力、態度を育てる教育）を小学校段階から発達段階に応じて実施する必要」があると指摘した。これを受けて2004（平成16）年に文部科学省が出した『キャリア教育の推進に関する総合的調査研究協力者会議報告書』では、キャリア教育を「児童生徒一人ひとりのキャリア発達を支援し、それぞれにふさわしいキャリアを形成していくために必要な意欲・態度や能力を育てる教育」、つまり個々の児童生徒の勤労観・職業観を育てる教育と定義してスタートさせた。

　キャリア教育は「一人一人のキャリア発達や個としての自立を促す視点から、従来の教育の在り方を幅広く見直し、改革していくための理念と方向性を示す」ために提唱されたのであり、「キャリアが子どもたちの発達段階やその発達課題の達成と深くかかわりながら段階を追って発達していくことを踏まえ、子どもたちの全人的な成長・発達を促す視点に立った取組を積極的に進める」ために、「人間関係形成能力」・「情報活用能力」・「将来設計能力」・「意志決定能力」という4能力領域とその中にそれぞれ2つずつの能力（計8能力）が提示され、学校教育へ浸透していった。

　進学指導・就職指導といった学校卒業後の進路選択・決定に力点を置く進路指導や、職業体験・インターンシップなどの実践活動は、キャリア教育そのものではない。キャリア教育は職業教育と密接な関係を有するが、職業教育の目的が「専門的な知識・技能の育成」であるのに対して、キャリア教育

は「社会的・職業的自立に必要な基盤となる能力」としての「基礎的・汎用的能力の育成」を目指すのである。

20世紀後半から起きた技術革新による情報化やグローバリゼーションにより雇用の流動化が促進された。それに伴い、日本の社会環境における地域社会の機能低下、SNSによる限られた範囲でのコミュニケーションやゲームの依存が若年層の社会性の発達を妨げていった。変化する社会のなかで子供たち、若者たちが自立的に自らの未来を切り拓くためには、変化を恐れず生きていく力の涵養が必要となる。さらに、変化していく社会を一人で生きていくことは困難であるため他者との協働が大切となり、地域社会への貢献として行うボランティア活動など社会の一員として参画する機会を持たせることが重要となった。

このような情況に対応するため日本では1990年代からキャリア教育が提唱され、それが学習指導要領にも盛り込まれるようになり2008（平成20）年改訂の幼稚園教育要領、小学校・中学校学習指導要領には随所にキャリア教育の目標や内容が掲げられ「一人一人の社会的・職業的自立に向け、必要な基盤となる能力や態度を育てることを通して、キャリア発達を促す教育」の重要性を強調した。

人間は社会との関わりのなかで、職業人、家庭人、地域社会の一員として役割を担いながら生きており、また社会のなかで働くことや活動することを通して自分らしい生き方を形成していく。その生き方を尊重するとともに社会的・職業的自立を支援していくことがキャリア教育の役割なのである。

4　キャリア開発

(1) キャリア開発

キャリア開発とは、働く個人の職務や能力・技能を中長期的に計画する考え方のことであり、業務に携わる過程で培われた能力、知識、経験等を「継

続的に磨くこと」である。

　なお、類似用語として①目標としている役職や職位に到達するために経験やスキルを高めていく方法である「キャリア・パス」、②自らのスキルを磨いて役職や仕事のレベルを上げていく「キャリア・アップ」、③技能や役職といった就業時のみならず、結婚やワーク・ライフ・バランスといった個人が持つビジョンをも包括した人生設計である「キャリア・デザイン」がある。

（2）キャリア発達

　2011（平成23）年1月の中央教育審議会答申「今後の学校におけるキャリア教育・職業教育の在り方について」では、キャリアはある年齢に達すれば自然に獲得されるのではなく発達段階・発達課題の達成と連関して段階を追って発達する、つまり「社会の中で自分の役割を果たしながら、自分らしい生き方を実現していく過程」をキャリア発達と考えた。キャリア発達に必要な能力・態度については、「外部からの組織的・体系的な働きかけが不可欠であり、学校教育では、社会人・職業人として自立していくために必要な基盤となる能力や態度を育成すること」により個々のキャリア発達を促すことを求めた。

（3）キャリア・アンカー

　キャリア・アンカーとは1978（昭和53）年にマサチューセッツ工科大学のエドガー・シャイン（E. H. Schein）が『キャリア・ダイナミクス』のなかで提唱した組織と個人との関係における概念で、個人がキャリアを選択する際に自分にとって最も大切でこれだけはどうしても譲れないという価値観や自分の立ち位置を指すものである。船の錨（anchor）になぞらえたキャリア・アンカーは、一度形成されると変化することが難しく生涯にわたってその人の重要な意思決定に影響を与え続けるとされた。

　シャインはキャリア・アンカーを以下の8項目に分類している。

①全般管理コンピタンス

　組織の中で責任ある役割を担うこと。集団を統率し権限を行使して組織の中で責任ある役割を担うことに幸せを感じることである。

②専門・職能別コンピタンス

　自分の専門性や技術が高まること。特定の分野で能力を発揮し自分の専門性や技術が高まることに幸せを感じることである。

③保障・安定

　安定的に一つの組織に属すること。一つの組織に忠誠を尽くし社会的・経済的な安定を得ることを望むことである。

④起業家的創造性

　クリエイティブ、つまり新基軸を生み出すこと。リスクを恐れずクリエイティブに新しいものを創り出すことを望むことである。

⑤自律と独立

　自分で独立すること。組織のルールや規則に縛られず、自分のやり方で仕事を進めていくことを望むことである。

⑥社会への貢献

　社会を良くしたり他人に奉仕したりすること。社会的に意義のあることを成し遂げる機会を転職してでも求めようとすることである。

⑦純粋なチャレンジ

　解決困難な問題に挑戦すること。解決困難に見える問題の解決やライバルとの競争にやりがいを感じることである。

⑧ワーク・ライフ・バランス

　個人的な欲求と家族や仕事とのバランス調整をすること。個人的な欲求や家族の願望、自分の仕事などのバランスや調整に力をいれることである。

（4）キャリア・カウンセリング

2011年の中央教育審議会答申「今後の学校におけるキャリア教育・職業教

育の在り方について」のなかで、発達的視点に立って成長と適応という個人の積極的側面を重視し、個人が環境の中で効果的かつ自律的な成長を通してキャリア形成ができるように支援するキャリア・カウンセリングの必要性が強調された。

　児童生徒へのキャリア・カウンセリングの担当者は、専門人材を学校に配置する場合のほか、日々児童生徒に接している教職員がカウンセリングの方法を研修等により修得して行うことが期待されている。

引用・参考文献等

　佐藤史人・伊藤一雄・佐々木英一・堀内達夫編著『新時代のキャリア教育と職業指導』法律文化社、2018年。

　原清治・春日井敏之・篠原正典・森田真樹『生徒指導・進路指導』ミネルヴァ書房、2019年。

　望月由起『学生・教員・研究者に役立つ進路指導・キャリア教育論』学事出版、2021年。

第13章　キャリア教育における ICT の活用

1　学校におけるキャリア教育

(1) キャリア教育の導入

　20世紀の技術革新による情報化やグローバリゼーションにより、子供たちの育つ環境や産業形態が変化し、若年層が将来のキャリアを見いだすことに困難が生じている。人間は、家族・友人・地域社会などの多様な他者との関わりを通じて全人的発達を遂げることができる。しかし、地域社会の教育的機能が低下し、一方で SNS による限られた範囲でのコミュニケーションへの過度な依存などにより、人間関係をうまく構築できなくなっている状況がある。このような社会的状況のなかで、子供たちが自立的・自律的に自らの未来を切り拓くためには、変化を恐れず積極的に立ち向かうための力である「生きる力」の涵養が不可欠である。また、変化していく社会に対して、一個人で対応していくことは難しく、仲間とともに協働していくことが重要となる。

　1990年代より日本ではキャリア教育が提唱され、学習指導要領に盛り込まれるようになった。2011（平成23）年の中央教育審議会答申「今後の学校におけるキャリア教育・職業教育の在り方について」を踏まえ改訂された幼稚園教育要領や小中学校学習指導要領において、子供や若者たちが学校卒業後を見据えて技能・技術の習得を支援し、職業的自立を促し、コミュニケーション能力や主体的かつ協働的態度を育成するキャリア教育を行う必要が強調された。それに対応する教師の役割は、個々の子供がさまざまな役割を担いながら、自らの力で生き方を選択していくことができるよう必要な能力や態度の育成を支援することである。

（2）これからの働き方とキャリア開発

①これからの働き方

　寿命の延伸によって先進国の2007年生まれの2人に1人が103歳まで生きる「人生100年時代」が到来し、100年間生きることを前提とした人生設計の必要性がリンダ・グラットンとアンドリュー・スコットによる『LIFE SHIFT（ライフ・シフト）100年時代の人生戦略』で提唱された。今までの「20年学び、40年働き、20年休む」という「教育・仕事・老後」の3段階から、100歳まで生きることが一般化する社会においては年齢による区切りがなくなり、学び直しや転職、長期休暇の取得など人生の選択肢が多様化すると予想している。

　日本では高度経済成長期から形成された雇用慣行、すなわち新規学卒者を対象に正規職員として一括採用する方法が広く行われていた。この学校から企業に人材を送り込むシステムが機能しなくなってくると、子供たち自らの将来の捉え方に変化をもたらす。子供たちは自分の将来を考える指標となる大人のモデルを見つけづらくなり、今後のコンピュータ技術やAIなどの発達は従来の職業の在り方や仕事の進め方に大きな修正を加えるであろう。

　このように大きく変化する時代に、子供たちの将来を見据えたキャリア教育に何が必要となっていくのだろうか。それは時代の変化に対応して自らも変化し続けることができる力を身に付けることである。学び続けるための基礎力、自ら考える力、汎用性の高いコミュニケーション能力、そして変化に対応できる柔軟な心を培うことが求められていると言えるだろう。

②キャリア開発

　キャリア開発とは、生涯にわたる継続的な職業に関わる能力や技能・技術を育成することである。キャリア開発をしていくためには、若い時期から将来の充実した職業生活を送るためにその業種を希望する理由を考え、必要な知識や技能・技術を意欲的に身に付ける必要がある。よって、小学校・中学校・高等学校に在学している時期に、企業等への見学や就業体験といったイ

ンターンシップや、企業等で働く人に密着して仕事の様子を観察するジョブ・シャドウイングを活用する方法が有効となろう。

　また、厚生労働省が出した『平成25年版労働経済白書』では、企業が若手に求める社会人基礎力として、「働きかけ力」「創造力」「主体性」「課題発見力」などを重視しており、自ら主体的に考えることや、チームの一員として大切なコミュニケーション能力が求められている。キャリア教育・キャリア開発を通じて育成しようとする力は、新社会人に期待されている力でもある。

　(3)　行動特性に着目した評価

　組織における人材評価・活用手法については、生産性との関連から種々の研究がなされ現在に至る。

①ホーソン工場の実験（Hawthorne study）

　1924年から1932年の８年間にわたり行われた米国ウェスタン・エレクトリック社のホーソン工場における科学的管理法の影響下での実験的研究である。この実験では物理的条件の変化と作業量の変化に規則的な関係なく、自らの仕事ぶりが周囲から注目されているという意識や仲間との連帯意識（morale：モラール）の影響が重要で、日常生活や職場の人間関係などが生産性に強く影響することが明らかになった。ホーソン工場の実験は人間関係という社会心理学的視点を経営に導入したことで、従前の科学的管理法と一線を画するものであった。だが、研究方法に対しては分析における論理性の不足や面接調査の中立性・客観性担保が弱く、賃金が生産性に及ぼす効果を軽視しているという批判がある。

②ドイツ参謀本部の人材評価

　大モルトケ（Helmuth Karl Bernhard Graf von Moltke）によるドイツ参謀本部の人材登用の基準は、人間の基準を能力と意欲に分けて評価するもので登用すべき順位は以下のようになる。

　　1位：能力は高いが意欲が低い

命令に従順であり与えられた範囲の業務を確実に遂行する。

　2位：能力も意欲も低い

　　業務を遂行する上で扱いやすい。

　3位：能力も意欲も高い

　　組織が要請する業務と対立する可能性がある。

　4位：能力は低いが意欲は高い

　　業務が遂行できず、意欲だけが空回りするため組織の足かせとなる。

③コンピテンシー（competency）

　1970年代のアメリカでは、学歴や知能が同等の外交官になぜ業績差が出るのかを明らかにしようとして「組織環境と職務上の要請に合致する行動を行いうる個人特性」に着目した研究がなされ、能力の高いことが成果につながるわけではなく評価と会社への貢献度が対応関係にならなかった。そこで、新たな概念として高業績者の「行動特性」などと訳されるコンピテンシー（competency）が注目された。職種別に高い業績を上げている者の行動特性を分析してモデル化し、それを評価基準として用いることで組織全体の質の向上を図ろうとする。「親密性」「傾聴力」「ムードメーカー」「計数処理能力」「論理思考」など、具体的な行動現象形態で評価するため評価と組織への貢献度がリンクしやすくなる。しかし、評価基準の曖昧さや、評価する側が恣意的評価を行う事が容易であるため、モチベーションを下げてしまい優秀な人材が流出する可能性が指摘された。

2　学校へのICT教育導入

　学校教育におけるICT教育推進を行おうとする省庁は文部科学省だけではない。産学連携の重要性を認識した経済産業省には産業技術環境局に技術振興・大学連携推進課が設置され、また商務情報政策局の商務・サービスグループにはサービス政策課が置かれその下に教育産業室を配置していること

は教育分野への参入意志が明確であることを示す。2020（令和2）年に始まりコロナ禍対応で加速したリモート授業や学習履歴データ蓄積といった学校の情報化には企業の参入が必要となり、教育現場で生み出されるビックデータの活用が期待された。教育政策のICT化は民間企業の外注化と表裏一体で推進されるので、コロナ禍対策で経済産業省が「EdTech（エドテック）」のかけ声の下、教育コンテンツを紹介するポータルサイトを開設したのは、企業を教育分野に誘引しようとするものである。

（1）ICT教育

　20世紀末の世界では情報通信メディアが勃興・発展し、電子商取引、テレワーク、遠隔医療、電子行政サービスなど、社会・経済・生活全般にわたって重要な役割を担う存在となっていくことが予想された。次代を担う子供たちが早い段階からインターネットに慣れ親しみ活用する能力を身につけていくことや、インターネットを学習のツールとして積極的に活用していくことなど、教育分野におけるインターネットの活用促進が重要な課題となったのである。アメリカではクリントン大統領が「2000年までに全米の教室等をインターネットで結び、12歳でみんながインターネットにアクセスできるようにする」と表明し、フランス、ドイツでも同様に2000年までに全学校へのインターネット接続ができるよう整備が進められた。

　我が国では、2001（平成13）までに中学校、高等学校、特殊教育諸学校、2003（平成15）年までに小学校を含めて全学校へのインターネット接続ができるよう推進された。1998（平成10）年に学習指導要領が改訂され、中学校の技術・家庭科に「情報とコンピュータ」の内容が必修となり、積極的にICT機器（情報機器）の活用を促すこととなった。これに伴い、電気通信・電波・放送などを管轄する郵政省は、1999（平成11）年に「学校における複合アクセス網活用型インターネットに関する研究開発」（300億円）、2000年に「学校における新たな高速アクセス網活用型インターネットに関する研究

開発」（184 億円）を行いインターネット関係の研究開発を進めていった。デジタル教材開発も、2002（平成14）年から東京書籍が電子黒板などに表示して利用する教材（デジタル掛図）として指導者用デジタル教科書を発行し、その後普及していった。学校教育法の一部改正により2019（令和元）年度から、紙の教科書を主な教材として使用しつつデジタル教科書の併用・代用が可能となった。また、学習者用デジタル教科書は、児童生徒の必要があると認められる教育課程の一部で紙の教科書の代替として使用可能となった。紙の教科書での学習が困難な児童生徒に対しては教育課程のすべてにおいて学習者用デジタル教科書の代替が認められた。

(2) GIGA（Global and Innovation Gateway for All）スクール構想

　2019（令和元）年に始められた全国の児童・生徒1人に1台のコンピュータ使用を実現するとともに高速ネットワークを整備しようとする文部科学省の政策である。GIGA スクール構想の背景であるが、2019年当時、PISA の調査を踏まえて「学校の ICT 環境整備状況は脆弱であるとともに、地域間での整備状況の格差が大きい危機的状況」、「学校の授業におけるデジタル機器の使用時間は OECD 加盟国で最下位」、「学校外での ICT 利用は、学習面では OECD 平均以下、学習外では OECD 平均以上」という文部科学省の現状認識のもとで展開された。特に2020（令和2）年の新型コロナウイルス感染症拡大（コロナ禍）により日本の教育分野におけるデジタル化の遅れが顕在化したことで GIGA スクール構想の実施が前倒しされ、2021（令和3）年度3月期には小学生・中学生に対して一人一台の教育用端末が整備され、1人1台という端末環境は学校のスタンダードとなり、先達が築いてきた教育実践の蓄積に加え最先端の ICT 教育を加味することによる教育の充実が可能となった。

　GIGA スクール構想のメリットは、単なる知識習得の学習だけではなく主体的・対話的・深い学びを実現するアクティブ・ラーニングに最適な環境を

提供できること、プログラミング教育の効果拡大に貢献できること、教員が
ICT を活用することで長時間労働の抑制が期待されること、過疎地や離島
などの教育環境が整いづらい地域との教育格差を解消できることなどが挙げ
られる。対してデメリットは、学校（自治体）によっては購入ではなくレン
タルになっている場合があり学校卒業後に返却しなければいけない場合があ
ること、学校にいる間はデジタル機器やインターネットに常時接しているた
め SNS トラブルなどが発生しやすいこと、1 人 1 台のパソコンやタブレッ
ト端末が使えるため休み時間にインターネット上でゲーム等に興じて遊びと
学習の境目が曖昧になることなどが挙げられる。

　2021年 9 月にデジタル庁・総務省・文部科学省・経済産業省が行った
「GIGA スクール構想に関する教育関係者へのアンケートの結果及び今後の
方向性について」によると、ICT を積極的に活用しようとする教職員もい
る反面、従来からの板書スタイルを最適と考える教職員もおり、ICT に対
する温度差が生じ全体的な活用が進まないうえ学内組織も整備途上なので一
部の教員に負担が集中している現状が明らかとなった。

　この状況への国の対応は、リテラシーの高い教員に負担が集中することの
ないよう教師の日常的な ICT 活用の支援等を行う「ICT 支援員」、1 人 1 台
端末環境における初期対応等を行う「GIGA スクールサポーター」の配置促
進、ICT 活用に関する専門的な助言や研修支援などを行う「ICT 活用教育
アドバイザー」を派遣したものの、当初の目標は達成されていない。よって、
これからの ICT 教育は「端末整備」段階、「人材整備」段階、「教職員の
ICT スキルアップ」段階、そして「学習者の ICT スキルアップ」段階へと
つながる対応が求められる。

　授業や自宅学習での端末の利活用促進、授業での活用事例の創出・共有、
教員の指導スキルの向上、コンテンツのリッチ化など課題は多くあるものの、
1 人 1 台の端末と高速ネットワークやクラウドなどを活用し教員と子供が双
方向にコミュニケーションを取ることで、それぞれの子供に最適化された学

びを提供する環境が徐々に構築されている。

3　キャリア教育における ICT 教育の実践

　2011（平成23）年に文部科学省から小学校・中学校・高等学校の『キャリア教育の手引き』が出され、さらに学校への ICT 導入が加速したため ICT を利用したキャリア教育の試みがなされている。

　(1)　幼稚園・小学校
　福島県東白川郡棚倉町では2010年代後半からキャリア教育に ICT を活用する取り組みを行っている。
①幼稚園
　朝の15分間で行う「エンジョイタイム」では教員の指示により考えることや体を動かすことを、学習レディネスのための「ハッピータイム」では各クラスで読み聞かせや数学ゲームなど行い、さらに社会的人間関係形成の力を涵養するため「すくすくタイム」では遊具などを譲り合って使用するなどの活動を行っている。これら一連の活動により、キャリア・プランニング能力の萌芽を期待できるとする。また ICT 活用の面では、据置型スクリーンに体操やダンスの手本をプロジェクターで映すこと、タブレット端末のアプリにより園児に知育ゲームやプレゼンテーションなどを取り組ませている。
　ICT 活用によるキャリア教育を推進するための幼稚園教職員への研修では、鹿児島県の保育所で実施している科学遊びや ICT 活用の事例を実際に体験できる機会を設けるほか、2020年から小学校で必修化されたプログラミングやアプリを用いた体験などにより教職員の目的意識の共有やモチベーションの向上が図られた。
②小学校
　棚倉町の史跡・文化財を紹介するテーマでのグループ・ワークを用いた総

合的な学習の時間により、自己管理能力、社会的人間関係形成の力が身につくと言う。

　大きな紙に調査したことをまとめて発表するという従来型の活動を、2017（平成29）年からデジタル・パンフレットを作成する試行がなされた。棚倉町のクラウドやアプリを使用してプレゼンテーションのスライドを共有し、グループ全員でパンフレットのスライドを作成する実践であり、指導教員の適切な指導を受けたことで児童はタブレット端末を使いこなし作品を完成させた。

(2) 中学校

　中学校は前期中等教育を行うとともに義務教育の最終段階として進路指導に注力している。それには家庭・保護者とともに地域・事業所等との連携を重視したキャリア教育が重要となる。

　職場体験実施の問題点として、学校側から職場体験の受入れ事業所の確保が困難であることを指摘する一方、企業側からは学校側から支援要請がないことを挙げている。職場体験活動を円滑に実施するための条件整備の観点から、保護者、教育委員会、地域の商工会議所やロータリークラブ等との協力連携のもとでシステムの改善・充実が必要となっている。地域の事業所等では、近隣の各学校で行われているキャリア教育の理解を深めるための連携、特に職場体験学習やインターンシップ等への協力・援助が望まれる。実際に事業所で働いている人の講話やキャリア教育講座等への参画を通して、生徒たちが働くことの厳しさや楽しさを学ぶことを通じて望ましい勤労観・職業観を形成する機会の提供が行われている。

　進路指導では、希望の職業に就くためのステップを調べて現在まで逆算させ、現在の段階から次のステップをどうするのかを生徒に考えさせるプロセスが必要である。ただ学校で選んだ職業が決定という訳ではないので、次のステップが限られてくるような考え方をせずに可能性を広げるための作業を

しているのだと思うことが重要である。

　昨今の高等学校のホームページは充実の一途をたどっており、ICT を使った情報収集が大変便利になった。ホームページでは、写真や動画を用いた学校生活の紹介、学校公開や説明会の実施、中学生への PR などに加え、中学生が特に着目する卒業生の進路と取得可能な資格・免許に重きを置いた構成となる傾向がある。普通科高等学校だけでなく専門高等学校においても、大学等に進学する生徒が増えているためである。専門高等学校では学校の特色を生かした資格・免許をアピールしており、商業学科では日商簿記、全商簿記、全商情報処理検定など、工業学科では国家技能検定、ボイラー技士、危険物取扱者、電気工事士など、農業学科では農業技術検定、小型車両系建設機械免許など、水産学科では海技士、小型船舶操縦士、潜水士など、それぞれ魅力的な資格・免許を掲げている。

　(3)　高等学校
『高等学校キャリア教育の手引き』で指摘された学科ごとの課題を挙げてみる。高等学校の持つ伝統、世評、地域性などにより、その課題には濃淡がある。よって、ICT を活用したキャリア教育も学校の個性に応じた対応が必要となる。

　進学指導における大学等のホームページ検索による情報収集のほか、就職指導における業界や各企業の情報収集、さらにはオンラインによる面接実施など、ICT を用いることが一般化しており、キャリア教育と ICT 活用は不可分の関係となっていくであろう。

①普通科
　卒業者のうち約 8 割が高等教育機関へ進学しているものの、将来設計については先送りする傾向があり、また進路意識や目的意識が希薄なままに進学している者が少なくないと言う。一方、就職希望者は専門学科や総合学科に比べて就職状況が厳しい傾向にある。普通科においては、将来を展望させて

必要な能力や態度を身に付けさせる指導、特に進学する意義を明確にすることや将来の職業生活に向けた基礎的な知識・技能に関する学習の機会の設定・充実が課題である。

②専門学科

それぞれの学科の特色を生かした専門教育が行われるため職業に関する専門学科では卒業者の多くが専門知識・技能を生かした分野に就職していたけれども、近年、就職者の割合は4割程度で推移している。社会の急速な変化によって職業人として必要となる専門的知識技能が拡大・高度化したことにより、産業社会が求めている知識・技能と専門学科での学習内容との間にギャップが生じているためである。一方、専門学科から高等教育機関への進学割合は増加する傾向にあるが、高等学校で学んだ専門分野とは関連の薄い学部学科等への進学も見られる。専門学科、特に職業学科では職業の多様化や職業人として求められる知識技術の高度化に対応した職業教育の充実とともに高等教育との接続も視野に入れた将来設計指導が求められている。

③総合学科

生徒の主体的な科目選択での学習や将来の職業選択を視野に入れた進路への自覚を深めさせる機会などは他の学科に比べて多い。しかし、生徒は目的意識や進路の自覚が乏しいため、安易な科目選択を行う傾向にあるという。生徒側も自らの進路についてじっくり考えることができるとする者が多いものの、総合学科に学んで進路等に目的を持つことができることを挙げる者は少なかった。総合学科でも幅広い基礎的・汎用的能力の育成が求められており、特に卒業後の進路選択を視野に入れた科目選択能力の向上や長期的な視点に立ったキャリア・プランニング能力の育成が求められている。

引用・参考文献

青木栄一『文部科学省』中央公論社、2021年。
教育科学研究会編『教育』№923、旬報社、2022年。

堺屋太一『歴史からの発想』プレジデント社、1983年。

辻清明『行政学講義（上）』改訂、東京大学出版会、1963年。

リンダ＝グラットン・アンドリュー＝スコット『LIFE SHIFT（ライフ・シフト）』東洋経済新報社、2016年。

渡邉景子・角田雅仁「キャリア教育における ICT の活用について：福島県棚倉町の実践から」『東京女子体育大学・東京女子体育短期大学紀要』第54号、2019年。

関 連 資 料

師範学校令

教育勅語

日本国憲法（抄）

大日本帝国憲法（抄）

教育基本法

改正教育基本法

教師の倫理綱領

教員の地位に関する勧告（抄）

「令和の日本型学校教育」を目指して（抄）

生徒指導提要（改訂）（抄）

師範学校令 （明治19年4月10日勅令第13号）

第1条（目的）
　　師範学校は教員となるべき者を養成する所とする。ただし生徒に順
　　良・信愛・威重の気質を備えさせることに注目すべき者とする。

第2条（種類）
　　師範学校を高等と尋常の二等に分ける。高等師範学校は文部大臣の
　　管理に属する。

第3条（設置数）
　　高等師範学校は東京に1箇所、尋常師範学校は府県に1箇所ずつ設
　　置しなければならない。

第4条（経費）
　　高等師範学校の経費は国庫より、尋常師範学校の経費は地方税から
　　支出しなければならない。

第5条（尋常師範学校の経費）
　　尋常師範学校の経費に必要な地方税の額は府知事県令がその予算を
　　調整し、文部大臣の認可を受けなければならない。

第6条（教員の任期）
　　師範学校長および教員の任期は5年とする。5年以上継続してもよ
　　い。

第7条（尋常師範学校長の兼務）
　　尋常師範学校長はその府県の学務課長を兼務することができる。

第8条（生徒募集）
　　師範学校生徒の募集および卒業後の服務に関する規則は文部大臣の
　　定めるところによる。

第9条（生徒の学資）
　　師範学校生徒の学資（学費）はその学校から支給しなければならな
　　い。

第10条（高等師範学校卒業時の資格）
　　高等師範学校の卒業生を尋常師範学校長および教員に任命すること
　　とする。ただし場合によっては各種の学校長および教員に任命する

ことができる。

第11条（尋常師範学校卒業時の資格）

　　　尋常師範学校の卒業生を公立小学校長および教員に任命することと
　　　する。ただし場合によっては各種の学校長および教員に任命するこ
　　　とができる。

第12条（学科・教科書）

　　　師範学校の学科およびその程度ならびに教科書は文部大臣の定める
　　　ところによる。

教育勅語

朕惟うに　我が皇祖皇宗　国を肇むること宏遠に　徳を樹つること深厚なり
我が臣民　克く忠に克く孝に　億兆心を一にして　世世厥の美を済せる
は　此れ我が国体の精華にして　教育の淵源亦実に此に存す
爾臣民　父母に孝に兄弟に友に　夫婦相和し朋友相信じ　恭倹己れを持し
博愛衆に及ぼし　学を修め　業を習い　以て智能を啓発し　徳器を成就
し　進で公益を広め　世務を開き　常に国憲を重じ　国法に遵い　一旦
緩急あれば　義勇公に奉じ　以て天壌無窮の皇運を扶翼すべし　是の如
きは　独り朕が忠良の臣民たるのみならず　又以て爾祖先の遺風を顕彰
するに足らん
斯の道は　実に我が皇祖皇宗の遺訓にして　子孫臣民の倶に遵守すべき所
之を古今に通じて謬らず　之を中外に施して悖らず　朕爾臣民と倶に
拳拳服膺して　咸其徳を一にせんことを庶幾う

明治二十三年十月三十日

御名　御璽

日本国憲法（抄）（昭和21年11月3日公布）

　日本国民は、正当に選挙された国会における代表者を通じて行動し、われらとわれらの子孫のために、諸国民との協和による成果と、わが国全土にわたって自由のもたらす恵沢を確保し、政府の行為によって再び戦争の惨禍が起ることのないやうにすることを決意し、ここに主権が国民に存することを宣言し、この憲法を確定する。そもそも国政は、国民の厳粛な信託によるものであって、その権威は国民に由来し、その権力は国民の代表者がこれを行使し、その福利は国民がこれを享受する。これは人類普遍の原理であり、この憲法は、かかる原理に基くものである。われらは、これに反する一切の憲法、法令及び詔勅を排除する。

　日本国民は、恒久の平和を念願し、人間相互の関係を支配する崇高な理想を深く自覚するのであって、平和を愛する諸国民の公正と信義に信頼して、われらの安全と生存を保持しようと決意した。われらは、平和を維持し、専制と隷従、圧迫と偏狭を地上から永遠に除去しようと努めてゐる国際社会において、名誉ある地位を占めたいと思ふ。われらは、全世界の国民が、ひとしく恐怖と欠乏から免かれ、平和のうちに生存する権利を有することを確認する。

　われらは、いづれの国家も、自国のことのみに専念して他国を無視してはならないのであって、政治道徳の法則は、普遍的なものであり、この法則に従ふことは、自国の主権を維持し、他国との対等関係に立とうとする各国の責務であると信ずる。

　日本国民は、国家の名誉にかけ、全力をあげてこの崇高な理想と目的を達成することを誓ふ。

第1章　天　皇

第1条［天皇の地位・国民主権］
　天皇は、日本国の象徴であり国民統合の象徴であって、この地位は、主権の存する日本国民の総意に基く。

第9条（戦争の放棄）
　①日本国民は、正義と秩序を基調とする国際平和を誠実に希求し、国権の

発動たる戦争と、武力による威嚇又は武力の行使は、国際紛争を解決する手段としては、永久にこれを放棄する。

　②前項の目的を達するため、陸海空軍その他の戦力は、これを保持しない。国の交戦権は、これを認めない。

第3章　国民の権利及び義務

第11条［基本的人権の享有］

　国民は、すべての基本的人権の享有を妨げられない。この憲法が国民に保障する基本的人権は、侵すことのできない永久の権利として、現在及び将来の国民に与へられる。

第12条［自由・権利の保持の責任とその濫用の禁止］

　この憲法が国民に保障する自由及び権利は、国民の不断の努力によつて、これを保持しなければならない。又、国民は、これを濫用してはならないのであって、常に公共の福祉のためにこれを利用する責任を負ふ。

第13条［個人の尊重と公共の福祉］

　すべて国民は、個人として尊重される。生命、自由及び幸福追求に対する国民の権利については、公共の福祉に反しない限り、立法その他国政の上で、最大の尊重を必要とする。

第14条［法の下の平等、貴族の禁止、栄典］

　①　すべて国民は、法の下に平等であって、人種、信条、性別、社会的身分又は門地により、政治的、経済的又は社会的関係において、差別されない。

　②　華族その他の貴族の制度は、これを認めない。

　③　栄誉、勲章その他の栄典の授与は、いかなる特権も伴はない。栄典の授与は、現にこれを有し、又は将来これを受ける者の一代に限り、その効力を有する。

第20条［信教の自由］

　①　信教の自由は、何人に対してもこれを保障する。いかなる宗教団体も、国から特権を受け、又は政治上の権力を行使してはならない。

　②　何人も、宗教上の行為、祝典、儀式又は行事に参加することを強制されない。

　③　国及びその機関は、宗教教育その他いかなる宗教的活動もしてはなら

ない。

第23条［学問の自由］

　学問の自由は、これを保障する。

第25条［生存権、国の社会的使命］

　①　すべて国民は、健康で文化的な最低限度の生活を営む権利を有する。

　②　国は、すべての生活部面について、社会福祉、社会保障及び公衆衛生の向上及び増進に努めなければならない。

第26条［教育を受ける権利、義務教育］

　①　すべて国民は、法律の定めるところにより、その能力に応じて、ひとしく教育を受ける権利を有する。

　②　すべて国民は、法律の定めるところにより、その保護する子女に普通教育を受けさせる義務を負ふ。義務教育は、これを無償とする。

第28条［労働者の団結権］

　勤労者の団結する権利及び団体交渉その他の団体行動をする権利は、これを保障する。

第10章　最高法規

第97条［基本的人権の本質］

　この憲法が日本国民に保障する基本的人権は、人類の多年にわたる自由獲得の努力の成果であって、これらの権利は、過去幾多の試練に堪へ、現在及び将来の国民に対し、侵すことのできない永久の権利として信託されたものである。

大日本帝国憲法 （抄） （明治二十二年二月十一日）

第1章　天皇

第1条　大日本帝国ハ万世一系ノ天皇之ヲ統治ス

第2条　皇位ハ皇室典範ノ定ムル所ニ依リ皇男子孫之ヲ継承ス

第3条　天皇ハ神聖ニシテ侵スヘカラス

第4条　天皇ハ国ノ元首ニシテ統治権ヲ総攬シ此ノ憲法ノ条規ニ依リ之ヲ行フ

第11条　天皇ハ陸海軍ヲ統帥ス

教育基本法 （昭和二十二年三月三十一日、法律第二十五号）

　朕は、枢密顧問の諮詢を経て、帝国議会の協賛を経た教育基本法を裁可し、ここにこれを公布せしめる。

教育基本法
　われらは、さきに、日本国憲法を確定し、民主的で文化的な国家を建設して、世界の平和と人類の福祉に貢献しようとする決意を示した。この理想の実現は、根本において教育の力にまつべきものである。
　われらは、個人の尊厳を重んじ、真理と平和を希求する人間の育成を期するとともに、普遍的にしてしかも個性ゆたかな文化の創造をめざす教育を普及徹底しなければならない。
　ここに、日本国憲法の精神に則り、教育の目的を明示して、新しい日本の教育の基本を確立するため、この法律を制定する。

第一条 （教育の目的）　教育は、人格の完成をめざし、平和的な国家及び社会の形成者として、真理と正義を愛し、個人の価値をたつとび、勤労と責任を重んじ、自主的精神に充ちた心身ともに健康な国民の育成を期して行われなければならない。
第二条 （教育の方針）　教育の目的は、あらゆる機会に、あらゆる場所において実現されなければならない。この目的を達成するためには、学問の自由を尊重し、実際生活に即し、自発的精神を養い、自他の敬愛と協力によつて、文化の創造と発展に貢献するように努めなければならない。
第三条 （教育の機会均等）　すべて国民は、ひとしく、その能力に応ずる教育を受ける機会を与えられなければならないものであつて、人種、信条、性別、社会的身分、経済的地位又は門地によつて、教育上差別されない。
　2　国及び地方公共団体は、能力があるにもかかわらず、経済的理由によつて修学困難な者に対して、奨学の方法を講じなければならない。
第四条 （義務教育）　国民は、その保護する子女に、九年の普通教育を受けさせる義務を負う。
　2　国又は地方公共団体の設置する学校における義務教育については、授

業料は、これを徴収しない。

第五条（男女共学）　男女は、互に敬重し、協力し合わなければならないものであつて、教育上男女の共学は、認められなければならない。

第六条（学校教育）　法律に定める学校は、公の性質をもつものであつて、国又は地方公共団体の外、法律に定める法人のみが、これを設置することができる。

　2　法律に定める学校の教員は、全体の奉仕者であつて、自己の使命を自覚し、その職責の遂行に努めなければならない。このためには、教員の身分は、尊重され、その待遇の適正が、期せられなければならない。

第七条（社会教育）　家庭教育及び勤労の場所その他社会において行われる教育は、国及び地方公共団体によつて奨励されなければならない。

　2　国及び地方公共団体は、図書館、博物館、公民館等の施設の設置、学校の施設の利用その他適当な方法によつて教育の目的の実現に努めなければならない。

第八条（政治教育）　良識ある公民たるに必要な政治的教養は、教育上これを尊重しなければならない。

　2　法律に定める学校は、特定の政党を支持し、又はこれに反対するための政治教育その他政治的活動をしてはならない。

第九条（宗教教育）　宗教に関する寛容の態度及び宗教の社会生活における地位は、教育上これを尊重しなければならない。

　2　国及び地方公共団体が設置する学校は、特定の宗教のための宗教教育その他宗教的活動をしてはならない。

第十条（教育行政）　教育は、不当な支配に服することなく、国民全体に対し直接に責任を負つて行われるべきものである。

　2　教育行政は、この自覚のもとに、教育の目的を遂行するに必要な諸条件の整備確立を目標として行われなければならない。

第十一条（補則）　この法律に掲げる諸条項を実施するために必要がある場合には、適当な法令が制定されなければならない。

附則

　この法律は、公布の日から、これを施行する。

教育基本法 (平成十八年十二月二十二日法律第百二十号)

　教育基本法（昭和二十二年法律第二十五号）の全部を改正する。

　我々日本国民は、たゆまぬ努力によって築いてきた民主的で文化的な国家を更に発展させるとともに、世界の平和と人類の福祉の向上に貢献することを願うものである。

　我々は、この理想を実現するため、個人の尊厳を重んじ、真理と正義を希求し、公共の精神を尊び、豊かな人間性と創造性を備えた人間の育成を期するとともに、伝統を継承し、新しい文化の創造を目指す教育を推進する。

　ここに、我々は、日本国憲法の精神にのっとり、我が国の未来を切り拓く教育の基本を確立し、その振興を図るため、この法律を制定する。

第一章　教育の目的及び理念

（教育の目的）

第一条　教育は、人格の完成を目指し、平和で民主的な国家及び社会の形成者として必要な資質を備えた心身ともに健康な国民の育成を期して行われなければならない。

（教育の目標）

第二条　教育は、その目的を実現するため、学問の自由を尊重しつつ、次に掲げる目標を達成するよう行われるものとする。

　一　幅広い知識と教養を身に付け、真理を求める態度を養い、豊かな情操と道徳心を培うとともに、健やかな身体を養うこと。

　二　個人の価値を尊重して、その能力を伸ばし、創造性を培い、自主及び自律の精神を養うとともに、職業及び生活との関連を重視し、勤労を重んずる態度を養うこと。

　三　正義と責任、男女の平等、自他の敬愛と協力を重んずるとともに、公共の精神に基づき、主体的に社会の形成に参画し、その発展に寄与する態度を養うこと。

　四　生命を尊び、自然を大切にし、環境の保全に寄与する態度を養うこと。

五　伝統と文化を尊重し、それらをはぐくんできた我が国と郷土を愛するとともに、他国を尊重し、国際社会の平和と発展に寄与する態度を養うこと。

（生涯学習の理念）

第三条　国民一人一人が、自己の人格を磨き、豊かな人生を送ることができるよう、その生涯にわたって、あらゆる機会に、あらゆる場所において学習することができ、その成果を適切に生かすことのできる社会の実現が図られなければならない。

（教育の機会均等）

第四条　すべて国民は、ひとしく、その能力に応じた教育を受ける機会を与えられなければならず、人種、信条、性別、社会的身分、経済的地位又は門地によって、教育上差別されない。

2　国及び地方公共団体は、障害のある者が、その障害の状態に応じ、十分な教育を受けられるよう、教育上必要な支援を講じなければならない。

3　国及び地方公共団体は、能力があるにもかかわらず、経済的理由によって修学が困難な者に対して、奨学の措置を講じなければならない。

第二章　教育の実施に関する基本

（義務教育）

第五条　国民は、その保護する子に、別に法律で定めるところにより、普通教育を受けさせる義務を負う。

2　義務教育として行われる普通教育は、各個人の有する能力を伸ばしつつ社会において自立的に生きる基礎を培い、また、国家及び社会の形成者として必要とされる基本的な資質を養うことを目的として行われるものとする。

3　国及び地方公共団体は、義務教育の機会を保障し、その水準を確保するため、適切な役割分担及び相互の協力の下、その実施に責任を負う。

4　国又は地方公共団体の設置する学校における義務教育については、授業料を徴収しない。

（学校教育）

第六条　法律に定める学校は、公の性質を有するものであって、国、地方公共団体及び法律に定める法人のみが、これを設置することができる。

2　前項の学校においては、教育の目標が達成されるよう、教育を受ける者の心身の発達に応じて、体系的な教育が組織的に行われなければならない。この場合において、教育を受ける者が、学校生活を営む上で必要な規律を重んずるとともに、自ら進んで学習に取り組む意欲を高めることを重視して行われなければならない。

（大学）

第七条　大学は、学術の中心として、高い教養と専門的能力を培うとともに、深く真理を探究して新たな知見を創造し、これらの成果を広く社会に提供することにより、社会の発展に寄与するものとする。

　2　大学については、自主性、自律性その他の大学における教育及び研究の特性が尊重されなければならない。

（私立学校）

第八条　私立学校の有する公の性質及び学校教育において果たす重要な役割にかんがみ、国及び地方公共団体は、その自主性を尊重しつつ、助成その他の適当な方法によって私立学校教育の振興に努めなければならない。

（教員）

第九条　法律に定める学校の教員は、自己の崇高な使命を深く自覚し、絶えず研究と修養に励み、その職責の遂行に努めなければならない。

　2　前項の教員については、その使命と職責の重要性にかんがみ、その身分は尊重され、待遇の適正が期せられるとともに、養成と研修の充実が図られなければならない。

（家庭教育）

第十条　父母その他の保護者は、子の教育について第一義的責任を有するものであって、生活のために必要な習慣を身に付けさせるとともに、自立心を育成し、心身の調和のとれた発達を図るよう努めるものとする。

　2　国及び地方公共団体は、家庭教育の自主性を尊重しつつ、保護者に対する学習の機会及び情報の提供その他の家庭教育を支援するために必要な施策を講ずるよう努めなければならない。

（幼児期の教育）

第十一条　幼児期の教育は、生涯にわたる人格形成の基礎を培う重要なものであることにかんがみ、国及び地方公共団体は、幼児の健やかな成長に資する良好な環境の整備その他適当な方法によって、その振興に努めなけれ

ばならない。

（社会教育）

第十二条　個人の要望や社会の要請にこたえ、社会において行われる教育は、国及び地方公共団体によって奨励されなければならない。

2　国及び地方公共団体は、図書館、博物館、公民館その他の社会教育施設の設置、学校の施設の利用、学習の機会及び情報の提供その他の適当な方法によって社会教育の振興に努めなければならない。

（学校、家庭及び地域住民等の相互の連携協力）

第十三条　学校、家庭及び地域住民その他の関係者は、教育におけるそれぞれの役割と責任を自覚するとともに、相互の連携及び協力に努めるものとする。

（政治教育）

第十四条　良識ある公民として必要な政治的教養は、教育上尊重されなければならない。

2　法律に定める学校は、特定の政党を支持し、又はこれに反対するための政治教育その他政治的活動をしてはならない。

（宗教教育）

第十五条　宗教に関する寛容の態度、宗教に関する一般的な教養及び宗教の社会生活における地位は、教育上尊重されなければならない。

2　国及び地方公共団体が設置する学校は、特定の宗教のための宗教教育その他宗教的活動をしてはならない。

第三章　教育行政

（教育行政）

第十六条　教育は、不当な支配に服することなく、この法律及び他の法律の定めるところにより行われるべきものであり、教育行政は、国と地方公共団体との適切な役割分担及び相互の協力の下、公正かつ適正に行われなければならない。

2　国は、全国的な教育の機会均等と教育水準の維持向上を図るため、教育に関する施策を総合的に策定し、実施しなければならない。

3　地方公共団体は、その地域における教育の振興を図るため、その実情に応じた教育に関する施策を策定し、実施しなければならない。

4　国及び地方公共団体は、教育が円滑かつ継続的に実施されるよう、必要な財政上の措置を講じなければならない。

（教育振興基本計画）

第十七条　政府は、教育の振興に関する施策の総合的かつ計画的な推進を図るため、教育の振興に関する施策についての基本的な方針及び講ずべき施策その他必要な事項について、基本的な計画を定め、これを国会に報告するとともに、公表しなければならない。

　2　地方公共団体は、前項の計画を参酌し、その地域の実情に応じ、当該地方公共団体における教育の振興のための施策に関する基本的な計画を定めるよう努めなければならない。

第四章　法令の制定

第十八条　この法律に規定する諸条項を実施するため、必要な法令が制定されなければならない。

附則抄

（施行期日）

　1　この法律は、公布の日から施行する。

教師の倫理綱領 （昭和二七年、日本教職員組合決定）

一　教師は日本社会の課題にこたえて青少年とともに生きる
二　教師は教育の機会均等のためにたたかう
三　教師は平和を守る
四　教師は科学的真理に立って行動する
五　教師は教育の自由の侵害を許さない
六　教師は正しい政治をもとめる
七　教師は親たちとともに社会の頽廃とたたかい、新しい文化をつくる
八　教師は労働者である
九　教師は生活権を守る
十　教師は団結する

教員の地位に関する勧告（抄）

1966年9月21日～10月5日　ユネスコ特別政府間会議採択

前　文

　教員の地位に関する特別政府間会議は、教育を受ける権利が基本的人権の一つであることを想起し、世界人権宣言の第26条、児童の権利宣言の第5原則、第7原則および第10原則および諸国民間の平和、相互の尊重と理解の精神を青少年の間に普及することに関する国連宣言を達成するうえで、すべての者に適正な教育を与えることが国家の責任であることを自覚し、不断の道徳的・文化的進歩および経済的社会的発展に本質的な寄与をなすものとして、役立てうるすべての能力と知性を十分に活用するために、普通教育、技術教育および職業教育をより広範に普及させる必要を認め、教育の進歩における教員の不可欠な役割、ならびに人間の開発および現代社会の発展への彼らの貢献の重要性を認識し、教員がこの役割にふさわしい地位を享受することを保障することに関心を持ち、異なった国々における教育のパターンおよび編成を決定する法令および慣習が非常に多岐にわたっていることを考慮し、かつ、それぞれの国で教育職員に適用される措置が、とくに公務に関する規制が教員にも適用されるかどうかによって非常に異なった種類のものが多く存在することを考慮に入れ、これらの相違にもかかわらず教員の地位に関してすべての国々で同じような問題が起こっており、かつ、これらの問題が、今回の勧告の作成の目的であるところの、一連の共通基準および措置の適用を必要としていることを確信し、教員に適用される現行国際諸条約、とくにILO総会で採択された結社の自由及び団結権保護条約（1948年）、団結権及び団体交渉権条約（1949年）、同一報酬条約（1951年）、差別待遇（雇用及び職業）条約（1958年）、および、ユネスコ総会で採択された教育の差別防止条約（1960年）等の基本的人権に関する諸条項に注目し、また、ユネスコおよび国際教育局が合同で召集した国際公教育会議で採択された初中等学校教員の養成と地位の諸側面に関する諸勧告、およびユネスコ総会で、1962年に採択された技術・職業教育に関する勧告にも注目し、教員にとくに関連する諸問題に関した諸規定によって現行諸基準を補足し、また、教員不足の問題を解決したいと願い、以下の勧告を採択した。

1　定義

1　本勧告の適用上、

(a)　「教員」（teacher）という語は、学校において生徒の教育に責任を持つすべての人々をいう。

(b)　教員に関して用いられる「地位」（status）という表現は、教員の職務の重要性およびその職務遂行能力の評価の程度によって示される社会的地位または尊敬、ならびに他の職業集団と比較して教員に与えられる労働条件、報酬その他の物質的給付等の双方を意味する。

2　範囲

2　本勧告は、公立・私立共に中等教育終了段階までの学校、すなわち、技術教育、職業教育および芸術教育を行なうものを含めて、保育園・幼稚園・初等および中間または中等学校のすべての教員に適用される。

3　指導的諸原則

3　教育は、その最初の学年から、人権および基本的自由に対する深い尊敬をうえつけることを目的とすると同時に、人間個性の全面的発達および共同社会の精神的、道徳的、社会的、文化的ならびに経済的な発展を目的とするものでなければならない。これらの諸価値の範囲の中で最も重要なものは、教育が平和の為に貢献をすること、およびすべての国民の間の、そして人種的、宗教的集団相互の間の理解と寛容と友情に対して貢献することである。

4　教育の進歩は、教育職員一般の資格と能力および個々の教員の人間的、教育学的、技術的資質に大いに依存するところが大きいことが認識されなければならない。

5　教員の地位は、教育の目的、目標に照らして評価される教育の必要性にみあったものでなければならない。教育の目的、目標を完全に実現する上で、教員の正当な地位および教育職に対する正当な社会的尊敬が、大きな重要性をもっているということが認識されなければならない。

6　教育の仕事は専門職とみなされるべきである。この職業は厳しい、継続的な研究を経て獲得され、維持される専門的知識および特別な技術を教員

に要求する公共的業務の一種である。また、責任をもたされた生徒の教育
および福祉に対して、個人的および共同の責任感を要求するものである。

7　教員の養成および雇用のすべての面にわたって、人種、皮膚の色、性別、
宗教、政治的見解、国籍または門地もしくは経済的条件にもとづくいかな
る形態の差別も行なわれてはならない。

8　教員の労働条件は、効果的な学習を最もよく促進し、教員がその職業的
任務に専念することができるものでなければならない。

「令和の日本型学校教育」の構築を目指して〔概要〕

（文部科学省 HP より）

「令和の日本型学校教育」の構築を目指して
～全ての子供たちの可能性を引き出す，個別最適な学びと，協働的な学びの実現～（答申）【概要】

令和3年1月26日
中央教育審議会

第Ⅰ部　総論

1. 急激に変化する時代の中で育むべき資質・能力

- 社会の在り方が劇的に変わる「Society5.0時代」の到来
- 新型コロナウイルス感染症拡大など先行き不透明な「予測困難な時代」

> 一人一人の児童生徒が，自分のよさや可能性を認識するとともに，あらゆる他者を価値のある存在として尊重し，多様な人々と協働しながら様々な社会的変化を乗り越え，豊かな人生を切り拓き，持続可能な社会の創り手となることができるようにすることが必要

新学習指導要領の着実な実施

ICTの活用

2. 日本型学校教育の成り立ちと成果，直面する課題と新たな動きについて

成　果

- 学校が学習指導のみならず，生徒指導の面でも主要な役割を担い，児童生徒の状況を総合的に把握して教師が指導を行うことで，子供たちの知・徳・体を一体で育む日本型学校教育は，諸外国から高く評価
- 新型コロナウイルス感染症の感染拡大を防止しため，全国的に学校の臨時休業措置が取られたことにより再認識された学校の役割
  ①学習機会と学力の保障　②全人的な発達・成長の保障　③身体的，精神的な健康の保障（安全・安心につながる居場所・セーフティネット）

課　題

- 子供たちの意欲・関心・学習習慣等や，高い意欲や能力をもった教師やそれを支える職員の力による成果を挙げる一方，変化する社会の中で以下の課題に直面
- 本来であれば家庭や地域でなすべきことまでもが学校に委ねられることになり，結果として学校及び教師が担うべき業務の範囲が拡大され，その負担が増大
- 子供たちの多様化（特別支援教育を受ける児童生徒や外国人児童生徒等の増加，貧困，いじめの重大事態や不登校児童生徒数の増加等）
- 生徒の学習意欲の低下
- 教師の長時間勤務による疲弊や教員採用倍率の低下，教師不足の深刻化
- 学習場面におけるデジタルデバイスの使用が低調であるなど，加速度的に進展する情報化への対応の遅れ
- 少子高齢化，人口減少による学校教育の維持やその質の保証に向けた取組の必要性
- 新型コロナウイルス感染症の感染防止策と学校教育活動の両立，今後起こり得る新たな感染症まで見据えた新しい時代の教室環境や指導体制等の整備

教育振興基本計画の理念
（自立・協働・創造）の継承

学校における働き方改革の推進

GIGAスクール構想の実現

新学習指導要領の着実な実施

必要な改革を躊躇なく進めることで，従来の日本型学校教育を発展させ，「令和の日本型学校教育」を実現

3．2020年代を通じて実現すべき「令和の日本型学校教育」の姿

① 個別最適な学び（「個に応じた指導」（指導の個別化と学習の個性化）を学習者の視点から整理した概念）

◆ 新学習指導要領では、「個に応じた指導」を一層重視し、指導方法や指導体制の工夫改善により、「個に応じた指導」の充実を図るとともに、コンピュータや情報通信ネットワークなどの情報手段を活用するために必要な環境を整えることが示されており、これらを適切に活用した学習活動の充実を図ることが必要

◆ GIGAスクール構想の実現による新たなICT環境の活用、少人数によるきめ細かな指導体制の整備を進め、「個に応じた指導」を充実していくことが重要

◆ その際、「主体的・対話的で深い学び」を実現し、学びの効果を最大限に発揮できるよう、子供の成長や学習状況に応じ、**個々の家庭の経済事情等に左右されることなく、子供たちに必要な力を育む**

指導の個別化

● 基礎的・基本的な知識・技能等を確実に習得させ、思考力・判断力・表現力等や、自ら学習を調整しながら粘り強く学習に取り組む態度等を育成するため、支援が必要な子供により重点的な指導を行うことなどで効果的な指導を実現することや、子供一人一人の特性や学習進度、学習到達度等に応じ、指導方法・教材や学習時間等の柔軟な提供・設定を行う

学習の個性化

● 基礎的・基本的な知識・技能等や情報活用能力等の学習の基盤となる資質・能力等を土台として、子供の興味・関心・意欲等を踏まえ、一人一人に応じた学習活動や学習課題に取り組む機会を提供することで、子供自身が学習が最適となるよう調整する

◆ 「個別最適な学び」が進められるよう、これまで以上に子供の成長やつまずき、悩みなどの理解に努め、**個々の興味・関心・意欲等を踏まえてきめ細かく指導・支援することや、子供が自らの学習の状況を把握し、主体的に学習を調整することができるよう促していくことが求められる**

◆ その際、ICTの活用により、学習履歴（スタディ・ログ）や生徒指導上のデータ、健康診断情報等を利活用することや、教師の負担を軽減することが重要

それぞれの学びを一体的に充実し
「主体的・対話的で深い学び」の実現に向けた授業改善につなげる

② 協働的な学び

「個別最適な学び」が「孤立した学び」に陥らないよう、探究的な学習や体験活動等を通じ、子供同士で、あるいは多様な他者と協働しながら、他者を価値ある存在として尊重し、様々な社会的な変化を乗り越え、持続可能な社会の創り手となることができるよう、必要な資質・能力を育成する「協働的な学び」を充実することも重要

集団の中で個が埋没してしまうことのないよう、一人一人のよい点や可能性を生かすことで、異なる考え方が組み合わさり、よりよい学びを生み出す

知・徳・体を一体的に育むためには、教師と子供、子供同士の関わり合い、自分の感覚や行為を通じて理解する実習・実験、地域社会での体験活動など、様々な場面でリアルな体験を通じて学ぶことの重要性が、AI技術が高度に発達するSociety5.0時代にこそ一層重要

同一学年・学級はもとより、異学年間の学びや、ICTの活用による空間的・時間的制約を超えた他の学校の子供との学び合いも大切

子供の学び

幼児教育

- 小学校との円滑な接続、質の評価等を通じたPDCAサイクルの構築等により、質の高い教育を提供
- 身近な環境に主体的に関わり様々な活動を楽しむ中で達成感を味わいながら、全ての幼児が健やかに育つことができる

高等学校教育

- 社会的・職業的自立に向けて必要な基盤となる資質・能力や、社会の形成に主体的に参画するための資質・能力が育まれる
- 地方公共団体、企業、高等教育機関、国際機関、NPO等の多様な関係機関との連携・協働による地域・社会の課題解決に向けた学び
- 多様な生徒一人一人に応じた探究的な学びや、STEAM教育など実社会での課題解決に生かしていくための教科等横断的な学び

教職員の姿

- 学校教育を取り巻く環境の変化を前向きに受け止め、教職生涯を通じて学び続け、子供一人一人の学びを最大限に引き出し、主体的な学びを支援する伴走者としての役割を果たしている
- 多様な人材の確保や教師の資質・能力の向上により質の高い教職員集団が実現し、多様なスタッフ等とチームとなり、校長のリーダーシップの下、家庭や地域と連携しつつ学校が運営されている
- 働き方改革の実現や教職の魅力発信、新時代の学びを支える環境整備により教師が創造的で魅力ある仕事であることが再認識され、志望者が増加し、教師自身も志気を高め、誇りを持って働くことができている

職務教育

- 新たなICT環境や先端技術の活用等による学習の基盤となる資質・能力の育成、多様な児童生徒一人一人の興味・関心等に応じ意欲を高めやすくしたりすることを深められる教育の提供
- 学校などの児童生徒同士の学び合い、多様な他者と協働した探究的な学びなどを通じ、地域の構成員の一人や主権者としての意識を育成
- 生活や学びにわたる課題(虐待等)の早期発見等による安全・安心な学び

特別支援教育

- 全ての教育段階において、インクルーシブ教育システムの理念を構築することを旨として行われ、全ての子供たちが適切な教育を受けられる環境整備
- 障害のある子供もない子供が可能な限りともに教育を受けられる条件整備
- 障害のある子供の自立と社会参加を見据え、通級による指導、特別支援学級、特別支援学校といった連続性のある多様な学びの場の一層の充実・整備

子供の学びや教職員を支える環境

- 小中高における1人1台端末環境の実現、デジタル教科書等の先端技術や教育データを活用できる環境の整備、学校施設の整備等による新しい時代の学びを支える学校教育の環境整備
- ICTの活用環境の改善、少人数によるきめ細かな指導体制の整備、学校施設の複合化・共用化の促進を通じた魅力的な教育環境の実現
- 小中連携、学校政策の改善・充実等

4

4.「令和の日本型学校教育」の構築に向けた今後の方向性

◆ 全ての子供たちの知・徳・体を一体的に育むため、これまで学校教育が果たしてきた、①学習機会と学力の保障、②社会の形成者としての全人的な発達・成長の保障、③安全安心な居場所・セーフティネットとしての身体的、精神的な健康の保障を学校教育の本質的な役割として重視し、継承していく

◆ 学校だけでなく地域住民等と連携・協働し、ICT環境や学校施設の整備等を活用しつつ、専門スタッフの充実等の人的資源、ICT環境や学校施設の整備等の物的資源を十分に活用することで、学校における働き方改革を推進しながら、多様化する子供たちに対応した個別最適な学びを実現しながら、学校の多様性と包摂性を確保

◆ ICTの活用や関係機関との連携を含め、学校教育に馴染めないでいる子供に対しても実質的に学びの機会を保障するとともに、地理的条件に関わらず、教育の質と機会均等を確保

◆ 一斉授業か個別学習か、履修主義か修得主義か、デジタルかアナログか、遠隔・オンラインか対面・オフラインかといった二項対立の陥穽に陥ることのないよう、発達の段階や学習場面等により、**どちらの良さも適切に組み合わせ**

◆ 教育の質の向上に向けて、**教育政策のPDCAサイクルの着実な推進**

全ての子供たちの可能性を引き出す、個別最適な学びと、協働的な学びの実現のための改革の方向性

(1) 学校教育の質と多様性、包摂性を高め、教育の機会均等を実現する

- 子供たちの資質・能力を確実に育成するため、基礎学力を保障してその才能を十分に伸ばし、社会性等を育むことができるよう、学校教育の質を高める
- 学校における働き方改革を実現し、1人1台端末や先端技術を活用しつつ、多様化する子供たちに対応して個別最適な学びを実現しながら、学校の多様性と包摂性を確保
- ICTの活用や関係機関等との連携を含め、学校教育に馴染めないでいる子供に対して実質的に学びの機会を保障するとともに、地理的条件に関わらず、教育の質と機会均等を確保

(2) 連携・分担による学校マネジメントを実現する

- 校長を中心として学校組織のマネジメント力の強化を図るとともに、学校内外との関係で連携と分担による学校マネジメントを実現
- 外部人材や専門スタッフ等、多様な人材が指導に携わることのできる学校を実現し、事務職員の校務運営への参画機会の拡大、教師同士の役割の適切な分担
- 学校・家庭・地域のそれぞれの役割と責任を果たし、相互に連携・協働して、地域全体で子供たちの成長を支えていく環境を整備
- カリキュラム・マネジメントを進めつつ、学校の家庭や地域社会と連携し、社会とつながる協働的な学びを実現

(3) これまでの実践とICTとの最適な組合せを実現する

- ICTや先端技術の効果的な活用により、新学習指導要領の着実な実施、個別に最適な学びや支援、可視化が難しかった学びの知見の共有等が可能
- GIGAスクール構想の実現を最大限生かし、教師が対面指導と遠隔・オンライン教育とを使いこなすこと（ハイブリッド化）で、様々な課題を解決し、教育の質を向上
- 教師による対面指導や子供同士による学び合い、多様な体験活動の重要性が一層高まる中で、ICTを活用しながら子供たちの資質・能力を育成し、多様な他者とともに問題発見・解決に挑む資質・能力を育成

(4) 履修主義・修得主義等を適切に組み合わせる

- 履修主義・履修主義は、個人の学習状況に着目するため、個に応じた指導等に対応した教育課程編成の自由度が確保できる面があるが、集団に対して一定の期間をかけて共通に教育を行うという特質を有し、ある一定の期間をかけて共通に教育を行うという方、個々人の成長に必要な時間のかかり方は様々に存在し、過度の同質性を重んじるあまり画一性をもたらす可能性
- 義務教育段階においては、進級や卒業の要件としては年齢主義を基本としつつも、教育課程の履修を判断する基準としては履修主義と修得主義の考え方を適切に組み合わせ、「個別最適な学び」及び「協働的な学び」との関係も踏まえ、それぞれの長所を取り入れる
- 高等学校教育においては、その特質を踏まえた教育課程の在り方を検討。これまで以上に多様性と柔軟性を持たせ、ICT等も活用しつつカリキュラム・マネジメントを充実

(5) 感染症や災害の発生等を乗り越えて学びを保障する

- 今般の新型コロナウイルス感染症対応の経験を踏まえ、新たな感染症や災害の発生等の緊急事態であっても必要な教育活動の継続
- 新しい生活様式を踏まえ、子供の健康に対する意識の向上、衛生環境の整備、新しい時代の教室環境に応じた指導体制、必要な施設・設備の整備、関係機関等との連携強化を図りつつ、子供たちや学校の実態を保障する
- 心のケアや虐待の防止を図り、子供たちの学びを保障するための関係を築き、心のケアや福祉等も含む、子供たちの学びを保障する
- 臨時休業時であっても、関係機関等との連携を図りつつ、子供たちと学校との関係を継続し、心身の健康に関する環境を保障する
- 懸念事項に対する多角的な把握、訓練や研修等の実施
- 学校・家庭・地域が連携・協働しつつ、学校を支援する教育委員会の在り方について検討

(6) 社会構造の変化の中で、持続的で魅力ある学校教育を実現する

- 少子高齢化や人口減少等で社会構造が変化する中、学校教育の持続可能性を確保しつつ魅力ある学校教育の実現が可能となり、必要な制度改正や運用改善を実施
- 魅力的で質の高い学校教育を地方においても実現するために、高齢者を含む多様な地域の人材が学校教育に関わるとともに、学校の配置や施設の維持管理、学校間連携等の在り方を検討

5.「令和の日本型学校教育」の構築に向けたICTの活用に関する基本的な考え方

◆「令和の日本型学校教育」を構築し、全ての子供たちの可能性を引き出す、個別最適な学びと、協働的な学びを実現するためには、ICTは必要不可欠

◆これまでの実践とICTとを最適に組み合わせることで、様々な課題を解決し、教育の質の向上につなげていくことが必要

◆ICTを活用すること自体が目的化しないよう留意し、PDCAサイクルを意識し、効果検証・分析を適切に行うことが重要であるとともに、健康面を含め、ICTが児童生徒に与える影響にも留意することが必要

ICTの全面的な活用により、学校の組織文化、教師に求められる資質・能力も変わっていく中で、Society5.0時代にふさわしい学校の実現が必要

(1) 学校教育の質の向上に向けたICTの活用

● カリキュラム・マネジメントを充実させ、各教科等で育成を目指す資質・能力等を把握した上で、ICTを「主体的・対話的で深い学び」の実現に向けた授業改善に生かすとともに、従来は伸ばせなかった資質・能力の育成や、これまでできなかった学習活動の実施、家庭や学校外での学びの充実

● 端末の活用を当たり前のこととし、児童生徒自身がICTを自由な発想で活用するための環境整備、授業デザイン

● ICTの特性を最大限活用した、不登校や病気療養等により特別な支援を要する児童生徒に対するきめ細かな支援、個々の才能を伸ばすための高度な学びの機会の提供

● ICTの活用とともにきめ細かな指導体制の整備等を両輪とした、個別最適な学びと協働的な学びの実現

(2) ICTの活用に向けた教師の資質・能力の向上

● 養成・研修全体を通じ、教師が必要な資質・能力を身に付けられる環境の実現

● 養成段階において、学生の1人1台端末を前提とした教育を実現しつつ、ICT活用指導力の向上に向けた教育の充実

● ICTを効果的に活用した指導ノウハウの迅速な収集・分析、新時代に対応した教員養成モデルの構築等、教員養成大学・学部、教職大学院のリーダーシップによるSociety5.0時代の教員養成の実現

● 国におけるコンテンツ提供や都道府県等における研修の充実や現職教師の組む教師のネットワーク化、授業改善に取り組む教師のネットワーク化、ICT活用指導力の向上、授業改善に取り組む教師のネットワーク化

(3) ICT環境整備の在り方

● GIGAスクール構想により配備される1人1台の端末は、クラウドの活用を前提としたものを前提としつつ、クラウドの活用を禁止せず、必要なセキュリティ対策を講じた上で活用を促進

● 義務教育段階のみならず、多様な実態を踏まえ、高等学校段階においても1人1台端末環境を実現

● 各学校段階において端末の家庭への持ち帰りを可能とする

● デジタル教科書・教材等の普及促進や、教育データを蓄積・分析・利活用できる環境整備、ICT人材の確保、ICTによる校務効率化

各論（目次）

第Ⅱ部 各論

1. 幼児教育の質の向上について

（1）基本的な考え方

- 幼児教育は、生涯にわたる人格形成の基礎を培う重要なものであり、義務教育及びその後の教育の基礎を培うことが目的
- 幼稚園、保育所、認定こども園といった幼児教育施設においては、集団活動を通して、幼児期に育成を目指す資質・能力を育み、幼児教育の実践の質の向上を図ることが必要
- 教育環境の整備を含めた幼児教育の内容・方法の改善・充実や、人材の確保・資質・専門性の向上、幼児教育推進体制の構築等を進めることが必要

（2）幼児教育の内容・方法の改善・充実

① **幼稚園教育要領等の理解推進・改善**
- 新幼稚園教育要領等の趣旨や成果・課題等の把握、調査研究や好事例等の情報提供による教育内容や指導方法等の改善・充実

② **小学校教育との円滑な接続の推進**
- 「幼児期の終わりまでに育ってほしい姿」を手掛かりに幼児と児童の教職員の連携促進
- スタートカリキュラムを活用した幼児教育と小学校教育との接続の一層強化

③ **教育環境の整備**
- 幼児の直接的・具体的な体験を更に豊かにするためのICTを活用し、衛生環境の改善等の安全対策の実施
- 幼児教育施設の業務のICT化の推進

④ **特別な配慮を必要とする幼児への支援**
- 幼児教育施設での特別な支援教育の充実、関係機関・部局と連携した切れ目のない支援体制整備
- 教職員の資質向上に向けた研修プログラムの作成、指導上の留意事項の整理
- 幼児教育施設を活用した外国人幼児やその保護者に対する日本語指導、多言語での就学案内・就学支援等の取組の充実

（3）幼児教育を担う人材の確保・資質及び専門性の向上

① **幼児教育をはじめとした人材の確保**
- 処遇改善等の実施や、大学等と連携した新規採用、離職防止・定着、再就職の促進等の推進方策の検討、人材確保策の推進

② **研修の充実等による資質の向上**
- 各種研修の機能・位置付けを構造化し、効果的な研修を実施
- 各職層・役割に応じた研修体系の構築、キャリアステージごとの研修実施

③ **教職員の専門性の向上**
- 上位の免許状の取得促進、小学校教諭免許や保育士資格の併有促進、特別な配慮を必要とする幼児に対する支援の充実

（4）幼児教育の質の評価の促進

- 学校関係者評価等の実施による特色的に改善を促すPDCAサイクルを構築
- 公開保育の仕組みの活用など、地域における家庭教育支援の充実
- 幼児教育の質に関する評価の仕組みや評価能力向上に向けた手法開発・成果の普及

（5）家庭・地域における幼児教育の支援

① **保護者等に対する学習機会・情報の提供**
- 保護者に対する相談体制の整備など、地域における家庭教育支援の充実

② **関係機関相互の連携強化**
- 幼児教育施設と教育委員会、福祉担当部局、児童相談所等の関係機関の連携促進

③ **幼児教育施設における子育ての支援の促進**
- 親子登園、相談事業や一時預かり事業等の充実、預かり保育の質の向上・支援の充実

（6）幼児教育を推進するための体制の構築等

- 地方公共団体における幼児教育センターの設置、幼児教育アドバイザーの育成・配置等による幼児教育推進体制の構築
- 幼児教育推進体制の充実・活用のための必要な支援の実施、幼児教育アドバイザー活用の推進方策の検討、好事例の収集
- 科学的・実証的な検証を通じたエビデンスに基づいた政策形成の促進

（7）新型コロナウイルス感染症への対応

- 保健・福祉等の専門職や関係機関等とスムーズに連携できる幼児教育推進体制の整備、研修等の充実・実施による各種生環境の改善による資質等の向上
- トイレや空調設備の改善による各生環境の改善、感染症の改善に向けた取組の推進、園務改善のためのICT化支援等教職員の勤務環境の整備

2. ９年間を見通した新時代の義務教育の在り方について

（１）基本的な考え方

- 我が国のどの地域で生まれ育っても，知・徳・体のバランスのとれた質の高い義務教育を受けられるようにすることが国の責務
- 義務教育９年間を通した教育課程，指導体制，教師の養成等の在り方について一体的に検討を進める必要
- 児童生徒が多様化し学校が様々な課題を抱える中にあっても，義務教育において決して誰一人取り残さないということを徹底

（２）教育課程の在り方

① 学力の確実な定着等の資質・能力の育成に向けた方策

- 新学習指導要領で整理された資質・能力の３つの柱をバランスよく育成することが必要であり，ICT環境を最大限活用し，「個別最適な学び」と「協働的な学び」を充実していくことが重要
- 児童生徒の発達の段階を考慮し，各教科等の特質を生かし，教科等横断的な視点から教育課程の編成・充実を図る
- 小学校高学年への教科担任制の導入，学校段階間の連携強化，外部人材の配置や研修の導入等が必要
- 発達の段階にかかわらず，児童生徒の実態を適切に捉え，その可能性を伸ばしていくことができるよう環境を整えていくことも重要
- 各学校段階を通した学びに向かう力の育成，キャリア教育の充実

② 補充的・発展的な学習指導について

ア　補充的・発展的な学習指導

- 指導方法等を工夫した補充的な学習や学習内容の理解を深め広げる発展的な学習を取り入れる
- 必要に応じて異なる学年の内容を含めて学習指導要領に示していない内容を加えて指導

イ　特定分野に特異な才能のある児童生徒に対する指導

- 知的好奇心を高める発展的な学習の充実や，学校外の学びへ児童生徒をつないでいくことなど，国内の学校での指導・支援の在り方等について，遠隔・オンライン教育も活用した実証的な研究開発を行い，更なる検討・分析を実施

③ カリキュラム・マネジメントの充実に向けた取組の推進

- 各学校や地域の実態を踏まえ，教科等間のつながりを意識して教育課程を編成・実施
- 各学校が持っている教育課程の編成・実施に関する裁量を明確化するとともに，総枠としての授業時数は引き続き確保した上で，教科等ごとの授業時数の配分について一定の弾力化が可能となる制度を設ける

（３）義務教育９年間を見通した教科担任制の在り方

① 小学校高学年からの教科担任制の導入（令和４(2022)年度を目途）

- 義務教育９年間を見通した指導体制の構築，教科指導の専門性を持った教師によるきめ細かな指導の充実，教師の負担軽減等
- 新たに専科指導の対象とすべき教科（例えば外国語・理科・算数）や学校規模・地理的条件に応じた効果的な指導体制の在り方の検討，小中学校の連携促進
- 専門性担保方策や人材確保方策と併せ，必要な教員定数の確保に向けて検討

② 義務教育９年間を見通した教師の養成等の在り方

- 小学校と中学校の免許の教職課程に共通開設できる授業科目の範囲を拡大する特例を設け，両方の免許取得を促進
- 中学校免許を有する者が，小学校で専科教員として勤務した経験を踏まえて小学校免許を取得できるよう制度を弾力化

（４）義務教育を全ての児童生徒等に実質的に保障するための方策

① 不登校児童生徒への対応

- SC・SSWの配置時間等の充実による相談体制の整備，教育支援センターの機能強化，不登校特例校の設置促進，教育委員会・学校とフリースクール等の民間の団体とが連携した取組の充実，自宅等でのICT活用等多様な教育機会の確保など，学校内外において，個々の状況に応じた段階的な支援
- 児童生徒の支援ニーズの早期把握，校内別室における相談・指導体制の充実等の調査研究

② 義務教育未修了の学齢を経過した者等への対応

- 全ての都道府県・指定都市における夜間中学の設置促進
- 専門人材の配置促進による夜間中学の教育活動の充実や受入れ生徒の拡大

（５）生涯を通じて心身ともに健康な生活を送るための資質・能力を育成するための方策

- 生涯を通じて心身共に健康な生活を送るための資質・能力（健康リテラシー等）を育成
- 養護教諭の適正配置，学校医，学校歯科医，学校薬剤師等の専門家との連携，学校保健情報の電子化
- 食育の推進を担う栄養教諭等の専門性に基づく指導の充実，栄養教諭の配置促進

（６）いじめの重大事態，虐待事案等に適切に対応するための方策

- 成長を促す指導等の積極的な生徒指導の充実，児童虐待防止に向けた関係機関との連携強化
- 学校だけでは対応が難しい，生徒指導上の課題との関連も指摘される背景や要因といった困難を抱える児童生徒への包括的な支援の在り方の検討，自殺予防の取組の推進等
- SC・SSWの配置時間等の充実，SNS等を活用した相談体制の全国展開などの教育相談体制の整備，スクールロイヤー等を活用した教育委員会における法務相談体制の整備
- 学校いじめ防止基本方針の実効化，いじめ等の状況に関するデータの活用の促進，虐待の早期発見・通告，保護・自立支援を円滑に行うための学校における対応徹底や研修の実施等

3. 新時代に対応した高等学校教育の在り方について

(1) 基本的な考え方

- 高等学校には様々な背景をもつ生徒が在籍していることから、生徒の多様な能力・適性、興味・関心等に応じた学びを実現することが必要
- 高等学校における教育活動を、高校生の学習意欲を喚起し、可能性及び能力を最大限に伸長するためのものへと転換
- 社会経済の変化や令和4年度から実施される新しい高等学校学習指導要領を踏まえた高等学校の在り方の検討が必要
- 生徒の持つ力を在学中に主体的に育てていくことの自覚を深めていくことを踏まえ、高等学校の役割や価値や評価を通じて再認識された高等学校の役割や価値や評価...遠隔・オンライン対面・オフラインの最適な組み合わせを検討

(2) 高校生の学習意欲を喚起し、可能性及び能力を最大限に伸長するための各高等学校の特色化・魅力化

① 各高等学校の存在意義・社会的役割等の明確化（スクール・ミッションの再定義）
- 各設置者は、各学校の存在意義や期待される社会的役割等、目指すべき学校像を明確化（する必要）、設置者として再定義
② 各高等学校の入口から出口までの教育活動の指針の策定（スクール・ポリシーの策定）
- 育成を目指す資質・能力に関する方針、教育課程の編成及び実施に関する方針、入学者の受入れに関する方針（スクール・ポリシー）を策定・公表
- 教育課程等の改善、入学者選抜方法について組織的かつ計画的に実施通じ不断の改善が必要
③「普通教育を主とする学科」の弾力化（普通科改革）
- 地域社会等に関する学びに重点的に取り組む学科、各設置者の判断により、学際的な学びに重点的に取り組む学科等を設置する場合に措置
- 新たな学科における教育課程においては、学校設定教科・科目や総合的な探究の時間を各年次にわたって体系的に開設、国内外の関係機関と連携・協働する体制の構築、コーディネーターの配置
④ 産業界と一体となって地域産業を支える革新的な職業人材の育成（専門学科改革）
- 地域の産業界等による教育活動への参画や支援等による教育課程の在り方を検討、それに基づく教育課程の開発・実践、教員の資質・能力の向上に関する施設・整備の充実
- 関係教育機関等と連携した先取り履修等の取組推進、3年間に限らない教育課程や高等教育機関等との連携推進、一貫した教育課程の開発・実施の検討
⑤ 新しい時代に求められる総合学科における学びの推進
- 多様な開設科目という特色を生かした教育活動を展開するため、ICTの活用に伴うカリキュラム・マネジメント、教科・科目等とのつながりの充実や2年次以降の学びの接続を意識したカリキュラムの実現に向けた見直しを図る必要
- ICTの活用を含め、外部人材や地域資源の活用の推進
⑥ 高等教育機関や地域社会等の関係機関と連携・協働した高度な学びの提供
- 地域社会や高等教育機関等の関係機関との連携・協働が必要
- 特色・魅力ある教育活動のため、各学校が地域の実情に応じ、コンソーシアムという形も含めた多様な高校と地域が連携・協働をコーディネートする体制を構築
- 複数の高等学校の連携・協働し高度かつ多様なプログラムを開発・共有し、全国の高校生がこうした学習プログラムに参加することを可能とする取組みの促進

(3) 定時制・通信制課程における多様な学習ニーズへの対応と質保証

① 専門スタッフの充実や関係機関との連携強化、ICTの効果的な活用による細やかな指導・支援
- SC・SSW等の専門スタッフの充実や関係機関等との連携促進
- 多様な学習ニーズに応じたICTを効果的に利活用した指導・評価方法の在り方等の検討
② 高等学校教育の質保証
- 通信教育実施施設の作成促進等、面接指導実施施設の明確化、教育課程の基準や人数による面接指導を実施することの明確化、教育活動に関する情報公開等による質保証の徹底

(4) STEAM教育等の教科横断的な学習の推進による資質・能力の育成

- STEAMの各領域を芸術、文化のみならず、生活、経済、法律、政治、倫理等を含めた広い範囲で定義し、推進することが重要
- 文理の枠を越えた教科等横断的な視点に立って進むことが重要
- 小中学校での教科横断的な学習を発展させる学習等を充実
- 高等学校においては総合的な探究の時間や理数探究を中心としてSTEAM教育に取り組むとともに、教科等横断的な視点で教育課程を編成し、地域や関係機関と連携・協働しつつ、生徒や地域の実態にあった探究学習の実現

(5) 高等専修学校の連携協力化

- 国による教育カリキュラムの開発、地域・企業等との連携を通じた教育体制の構築支援、好事例等の収集・分析・周知

4. 新時代の特別支援教育の在り方について

(1) 基本的な考え方
- 特別支援教育への理解・認識の高まり、制度改正、通級による指導を受ける児童生徒の増加等、インクルーシブ教育の理念を踏まえた特別支援教育をめぐる状況は変化
- 通常の学級、通級による指導、特別支援学級、特別支援学校といった連続性のある多様な学びの場の一層の充実・整備を着実に推進

(2) 障害のある子供の学びの場の充実・連携強化

① 就学前における早期からの相談・支援の充実
- 関係機関や外部専門家等との連携による人的体制の充実、教師の特別支援教育の専門性向上に向けた特別支援教育コーディネーター、特別支援教育支援員の質的向上に向けた研修機会の充実
- 幼児教育の観点から特別支援教育を充実するため、就学相談における早期支援や、5歳児健診を活用した早期支援や、就学相談における特別支援教育の充実

② 障害のある子供の就学相談・学びの場の検討等の支援について
- 就学相談や学びの場の検討等を支援する教育支援資料の充実

③ 小・中学校における障害のある児童生徒の学びの充実
- 特別支援学級の児童生徒が在籍する学校の通常の学級の一員としても活動する取組の充実、年間指導計画に基づく教科学習の共同実施
- チェックリストの活用による在籍校での学びに十分に在籍する特別な支援を必要とする児童生徒の把握、在籍する専門性の高い通級による指導といった障害のある児童生徒が必要な支援を受けられる体制の構築等の環境整備
- 通級による指導等の担当教師等の配置又は指導体制の充実
- 学校施設のバリアフリー化の推進、特別支援学級、通級による指導、特別支援学級といった障害のある児童生徒の学びの多様な学びの場の一層の充実等

④ 特別支援学校における教育環境の整備
- ICTを活用した遠隔教育に関する特別支援学校のセンター的機能の充実や特別支援学校に設置できる特別支援学校の設置基準策定に向けた集中的な施設設備の取組推進
- 必要な最低基準としての特別支援学校設置基準の策定の検討
- 知的障害者である児童生徒が各教科等において育むべき資質・能力を育成する観点から、著作教科書（知的障害者用）を作成に身に付けさせる観点から、特別支援学校に在籍する児童生徒が、地域の学校に副次的な籍を置く取組の一層の普及推進

⑤ 高等学校における学びの場の充実
- 小・中学校から高等学校への通級による指導の引き継ぎを行い、個別の教育支援計画や指導計画の作成や活用、高等学校における特別支援教育の充実等、高等学校における特別支援教育の充実
- 通級による指導の充実や実施体制、指導方法など、教師の質的向上のための研修
- 本人や保護者の進路の可能性を広げられるよう、卒業後の進路に対する情報の引継ぎなど、関係機関等の連携推進

(3) 特別支援教育を担う教師の専門性向上

① 全ての教師に求められる特別支援教育に関する専門性
- 障害の特性等に関する理解や支援等特別支援教育に関する基礎的な知識、個に応じた分かりやすい指導内容や指導方法の工夫の検討
- 教師が必要な助言や支援を受けられる体制の整備、管理職向けの研修の充実
- 教員養成段階において特別支援教育に係る資質を養う教育を全教員に位置づける

② 特別支援学級、通級による指導を担当する特別支援教育に関する専門性
- 個別の指導計画等の作成、指導、評価、関係者間の連携等の方法等の専門性の習得
- OJTやオンラインなどの工夫による参加しやすい研修の充実、発達障害のある児童生徒に対応した専門性の向上
- 小学校等教職員経験において特別支援教育経験者の一定割合の取得を推奨
- 免許法認定講習等の活用

③ 特別支援学校の教師に求められる専門性
- 幅広い知識・技能の習得、指導、複数障害種に対応した指導、教員養成段階における専門性の精選や、専門的な知見を活用した指導
- 広域自治体における人事交流の仕組みの構築、教員養成段階における実践的指導力や相談支援、教育委員会等への情報提供等の促進、特別支援学校免許状取得状況に係る指導、教員養成段階における専門教育の実施主体の拡大等について、専門免許状制度の創設も含めて検討

(4) 関係機関等の連携強化による切れ目ない支援の充実

① 関係機関等と家庭の連携、保護者も含めた情報共有、保護者支援のための連携体制の整備、障害の有無に関わらず全ての保護者に対する支援情報や相談窓口に関する情報の充実
- 地域の就労関係機関との連携による子供のキャリア教育の充実
- 特別支援教育を受けてきた子供の指導等の合理的配慮の状況等の学校間での引き継ぎに当たり、統合型校務支援システム等の活用による環境整備を実施
- 個別の教育支援計画（教育）・個別の支援計画（福祉サービス）・個別移行支援計画（事業所）の一体的な情報提供・共有の仕組みの検討や市町村の検討が可能、移行支援計画等の作成・活用、医療的ケアの実施体制や関係機関等の連携体制の在り方等の検討
- 学校における医療的ケアの実施体制の構築、医療的ケアを担う看護師等の人材確保や配置等の法令上の位置付けや確保、中学校区における医療的ケア児の拠点校の設置の検討

5. 増加する外国人児童生徒等への教育の在り方について

(1) 基本的な考え方

- 外国人の子供たちが共生社会の一員として今後の日本を形成する存在であることを前提に、関連施策の制度設計を行うことが必要
- キャリア教育や相談支援の包括的な提供、母語・母文化の学びに対する支援が必要
- 日本人の子供たちも、異文化理解、多文化共生の考え方に基づく教育の更なる取組

(2) 指導体制の確保・充実

① 日本語指導のための教師等の確保

- 日本語と教科を統合した学習を行うなど、組織的かつ体系的な指導が必要
- 日本語指導が必要な児童生徒への指導体制の充実
- 日本語指導・母語による支援等の専門スタッフの配置促進と支援体制の構築

② 学校における日本語指導の体制構築

- 日本語指導の拠点となる学校の整備し、拠点校を中心とした指導体制の構築
- 集住・散在等、地域の実情を踏まえた体制構築のための方法の検討
- 拠点校方式等の指導体制構築例や期集中支援等の実践事例等の周知

③ 地域の関係機関との連携

- 教育委員会、首長部局、地域のボランティア団体、日本語教室等の関係機関との連携促進
- 特に、教員養成大学や雇用する企業等との連携

(3) 教師等の指導力の向上、支援環境の改善

① 教師等に対する研修機会の充実

- 「外国人児童生徒等教育を担う教師等の養成・研修モデルプログラム」の普及
- 日本語指導担当教師等が専門的知識の習得を証明できる仕組みの構築

② 教員養成段階における学びの場の提供

- 教員養成段階における外国人児童生徒等に関する内容の位置付けの検討
- 教員養成段階における履修内容の充実

③ 指導方法・指導教材の活用・開発

- 「外国人児童生徒のためのJSL対話型アセスメントDLA」や外国人児童生徒等教育アドバイザーを活用した、日本語能力評価方法の普及促進
- 情報検索サイト「かすたねっと」に登録する教材等の充実や検索機能の充実、多言語による学校生活を紹介する動画コンテンツの作成・配信

④ 外国人児童生徒等に対する特別な配慮等

- 障害のある外国人児童生徒等に対して、障害の状態等に応じたきめ細かい指導・支援体制の構築
- 障害のある外国人児童生徒等の在籍状況等の把握、支援の状況把握

(4) 就学状況の把握、就学促進

- 学齢期の子供を持つ外国人に対する、就学促進の取組実施
- 学齢簿の編製にあたる全ての外国人の子供の就学状況についても一体的に管理・把握するなど地方公共団体の取組促進、制度的な対応の在り方の検討
- 義務教育未了の外国人について、公立中学校での弾力的な受入れや夜間中学への入学案内の実施促進

(5) 中学生・高校生の進学・キャリア支援の充実

- 外国人児童生徒等の進学・就職等の進路選択の支援
- 公立高校入学者選抜における外国人生徒等を対象とした特別の配慮(ルビ振り、辞書の持ち込み、特別定員枠の設置等)について、現状把握、情報共有による地方公共団体の取組促進
- 中学校・高等学校段階における進路指導・キャリア教育の取組促進
- 取出し方式による日本語指導の方法や制度設計的な在り方、高等学校版JSLカリキュラムの開発の検討
- 小・中・高等学校間が連携、外国人児童生徒等のための個別の指導計画を踏まえた必要な情報整理、情報共有の促進

(6) 異文化理解、母語・母文化支援、幼児に対する支援

- 学校における多文化理解・多文化共生の考え方が広がるような取組促進
- 異文化理解・多文化共生の考え方に基づく教育の更なる普及・充実、教員養成課程における履修内容の充実
- 家庭を中心とした母語・母文化の促進、学校内や就学前段階における教育委員会・学校やNPO・国際交流協会等の連携による母語・母文化に触れる機会の確保
- 幼児期の特性を踏まえた指導上の留意事項等の整理、研修機会の確保
- 幼児期の特性を踏まえた指導上の留意事項等の整理、研修機会の確保

6. 遠隔・オンライン教育を含むICTを活用した学びの在り方について

(1) 基本的な考え方

● ICTはこれからの学校教育を支える基盤的なツールとして必要不可欠であり、心身に及ぼす影響にも留意しつつ、日常的に活用できる環境整備が必要
● 今後の新型コロナウイルス感染症のための臨時休業等に伴う遠隔・オンライン教育等による成果や課題については、今後検証
● ICTは教師が児童生徒との具体的な関係の中で、教育効果を考えて活用することが重要であり、活用自体が目的化しないよう留意する必要
● 対面指導の重要性、遠隔・オンライン教育の実践による成果や課題を踏まえ、発達の段階に応じ、ICTを活用しつつ、個別最適な学びを展開。対面指導と遠隔・オンラインとを使いこなす（ハイブリッド化）ことで、個別最適な学びと協働的な学びを実現

(2) ICTの活用や、対面指導と遠隔・オンライン教育とのハイブリッド化による指導の充実

① ICTの日常的な活用による授業改善
・ICTを日常的に活用できる環境を整え、「文房具」として自由な発想で活用できるようにし、「主体的・対話的で深い学び」の実現に向けた授業改善に生かす

② 学習履歴（スタディ・ログ）などビッグデータを活用した個別最適な学びの充実
・データ標準化等の取組を加速
・個々の児童生徒の知識・技能等に関する学習履歴及び学習計画等のICTを活用した学習評価の改善、円滑なデータの引継ぎを促進し、きめ細かい指導や学習評価、指導と評価のPDCAサイクルの改善や、学習を改善
・全国の学校でCBTを活用した学力診断などができるプラットフォーム（CBTシステム）の構築
・学校現場における先端技術の効果的な活用に向けた事例等の整理・周知

③ 全国的な学力調査のCBT化の検討
・全国学力・学習状況調査のCBTについて専門的・技術的な観点から検討を行うとともに、小規模から試行・検証に取り組み、段階的に規模・内容を拡充・充実

④ 教師の対面指導と遠隔授業等を融合させた授業づくり
・発達の段階に応じて、学校の授業時間内において、対面指導に加え、目的に応じ遠隔授業やオンデマンドの動画教材等を取り入れた授業モデルの展開

⑤ 高等学校における遠隔授業の活用
・同時双方向型の遠隔授業について、単位数の算定、対面により行う授業の実施の要件等を見直し、対面指導と遠隔授業等を融合させた柔軟な授業方法を可能化

⑥ デジタル教科書・教材の普及促進
・学習者用デジタル教科書の効果・影響について検証しつつ、使用の基準や今後の在り方について検討
・学習者用デジタル教材との連携も含め、令和6年度の小学校用教科書改訂までの期間において、紙との併用が可能な環境下で学習者用デジタル教科書の使用が可能となるよう普及促進を図る

⑦ 児童生徒の特性に応じたきめ細かな対応
・不登校児童生徒、障害のある児童生徒、日本語指導が必要な児童生徒、統合型校務支援システムの活用や帳簿の共通化等による環境の整備。個別の支援計画等の作成及び電子化を推進
・遠隔技術等を用いた相談・指導の実施、ICTを活用した学習支援
・障害のある児童生徒に対する遠隔技術を活用した自立活動支援に係る実践研究等の活用推進

⑧ ICT人材の確保
・企業、大学等と連携し、地方公共団体がGIGAスクールサポーター、ICT支援員等のICTを確保しやすい人材確保・活用事例の全国展開
・事務職員に対するICTに関する研修等の充実
・教育委員会において、外部人材の活用も含めたICTの専門家等の意思決定を伴う立場への配置促進、ICT活用教育アドバイザーの活用推進

(3) 特例的な指導や教育の充実等

① 臨時休業時等に児童生徒等との関係を継続し学びを保障するための取組
・感染症や自然災害等により、児童生徒等が登校できない場合における学びの保障や心身の健康観察の継続に向けた制度等の措置の検討・整理

② 学校で学びたくても学べない児童生徒の遠隔・オンライン教育の活用
・学校で学びたくても学べない児童生徒（病気療養、不登校等）に対し、遠隔・オンライン教育を活用した学びを出席扱いとする制度や、成績評価ができる制度の活用促進に向けた事例の周知、制度の活用状況の分析、より適切な方策の検討

③ 個々の才能を存分に伸ばせる高度な学びの機会と新たな学びへの対応
・特異な才能のある児童生徒に対し、大学や研究機関等の社会の多様な人材・リソース活用方策に関する知見等を踏まえた実証的な研究開発を推進
・義務教育段階において、教科等の特質を踏まえつつ、教科ごとの授業時数の配分について一定の弾力化が可能となる制度を設ける
・特別な配慮を要する児童生徒に対し、特別の教育課程を編成し、学校外での受講等が可能となる特例的な取扱いの活用を推進するとともに、対面指導と遠隔教育を最適に組み合わせた指導方法の研究開発を実施
・高等学校段階において、教育委員会等が主導の同時双方向型遠隔授業の一部を編成し、高等学校間で遠隔・オンライン教育とのハイブリッド化を検討

7. 新時代の学びを支える環境整備について

(1) 基本的な考え方

● 全ての子供たちの可能性を引き出す個別最適な学びと協働的な学びを実現し、教育の質の向上を図るとともに、新たな感染症や災害の発生等の緊急時にあっても全ての子供たちの学びを保障するため、「GIGAスクール構想の実現」を前提とした新しい時代の教育の環境整備を図る

(2) 新時代の学びを支える教室環境の整備

● 「1人1台端末」や遠隔・オンライン教育に適合した教室環境や教師のICT環境の整備　● 学校図書館における図書の充実を含む環境整備の充実
● 「新しい生活様式」も踏まえ健やかに学習できる衛生環境の整備やバリアフリー化

(3) 新時代の学びを支える指導体制等の計画的な整備

● 「1人1台端末」の活用等による児童生徒の特性・学習進度等に応じたきめ細かな指導の充実や、新時代の学びを支える指導体制の確保に向け、少人数によるきめ細かな指導体制や小学校高学年からの教科担任制など、新時代の学びを支える指導体制に向けた環境整備

(4) 学校健康診断の電子化と生涯にわたる健康の保持増進への活用

● 学校健康診断及びその結果の電子化等の促進、心身の状況の変化の早期の気付き、エビデンスに基づく個別最適な指導・支援の充実等の活用
● PHR (Personal Health Record) の一環として、学齢期の健康診断情報を電子化し、生涯にわたる健康づくりや健康への活用に向けた環境整備

8. 人口動態等を踏まえた学校運営や学校施設の在り方について

(1) 基本的な考え方

● 少子高齢化や人口減少等により子供たちを取り巻く状況が変化しても、持続的で魅力ある学校教育が実施できるよう、学校配置や施設の維持管理、学校間の連携の在り方について検討が必要

(2) 児童生徒の減少による学校規模の小規模化に対応した学校運営・適正配置等について

① 公立小中学校の適正規模・適正配置等について
・教育関係部局と首長部局との十分な分野横断的な検討体制のもと、新たな分野横断的な実行計画の策定等による教育環境の向上とコスト最適化
・義務教育学校化を含む地方公共団体間の統合、近隣の地方公共団体の組合立学校の設置等による学校・学級規模の確保
・少人数を生かしたきめ細かな指導の充実、ICTを活用した遠隔合同授業等による小規模校のメリット最大化・デメリット最小化

② 機能的な学校制度の活用等による小中一貫教育の推進
・小中一貫教育の活用好事例の発信、横展開

③ 中山間地や離島など立地条件や学校に応じた学校の運営
・中山間地域や離島等への遠隔教育等の環境づくりのためのネットワークを構築し、ICTを活用してそれぞれが強みを有する各科目の選択的履修を可能とし、小規模校等立地ではなし得ない教育活動の実施

(3) 地域の実態に応じた公共施設のストックの適正化の観点からの施設整備の促進

● 子供たちの多様なニーズに応じた施設機能の高機能化・多機能化、防災機能強化
● 地域の実態に応じ、小中一貫教育の導入や学校施設の適正規模・適正配置の推進、長寿命化改良、他の公共施設との複合化・共用化など、個別施設計画に基づく計画的・効率的な施設整備

12

9. Society5.0時代における教師及び教職員組織の在り方について

(1) 基本的な考え方

- AIやロボティクス、ビッグデータ、IoTといった技術が発展したSociety5.0時代の到来に対応し、教師の情報活用能力、データリテラシーの向上が一層重要
- 教師が今後とも、変化を前向きに受け止め、求められる知識・技能を意識し、新しい知識・技能を学び続けていくことが必要であり、教職大学院が新たな教育課題や最新の教育改革の動向に対応できる実践力を育成する役割を担うことも大きいに期待
- 多様な知識・経験を持つ人材との連携を強化し、そういった人材を取り込むことで、社会のニーズに対応しつつ、高い教育力を持つ組織となることが必要

(2) 教師のICT活用指導力の向上方策

- 国で作成されたICTを活用した大学場面や各教科等の指導におけるICT活用に係る動画コンテンツについて、教職課程における活用を促進
- 教職課程において各教科に共通して修得すべきさまざまなICT活用指導力を総合的に修得できるように新しい科目を設けることや、教職実践演習などのICTを活用した演習を行うことを検討し等について、教職課程全体を通じた制度改正等が必要
- 教師のICT活用指導力の充実を確実に実施できる仕組みの構築、国においても大学の取組状況のフォローアップ等を通じて、大学の効果的な実施
- 都道府県教育委員会等が研究を進める教師の資質・能力の育成指標や、ICT活用能力の明確化等による都道府県単位の体系的な研修の実施
- 教師向けオンライン研修プログラムの作成及び、研修コンテンツの提供や都道府県による教員研修における研修の更なる充実
- 教員研修等におけるICT機器の積極的な使用やオンラインを含めた効果的な研修の実施

(3) 多様な知識・経験を有する外部人材による教職員組織の構成等

- 「社会に開かれた教育課程」の実現に向け、地域の人的資源等を活用し、学校教育を社会との連携の中で実現
- 社会教育士を活用し、学校と地域が連携した魅力的な教育活動の企画・実施
- 社会人等の教職への参画の確保や学校での勤務時間の確保の両立に向けた、教職員特別免許課程における修業年限の弾力化等による制度活用の促進
- 従来の特別免許状とは別に、より短期間で有効期間中に柔軟に活用できる免許状の授与等により、多様な人材が参画できる柔軟な教職員組織の構築

(4) 教員免許更新制の実質化について

- 教員免許更新制が現下の情勢において、子供たちの学びの保障に注力する教師が迅速な人的体制の確保に及ぼす影響の分析
- 教員免許更新制や研修等に関する包括的な検証に基づき、必要な教師数の確保と能力の確保が両立できるような在り方の総合的な検討

(5) 教師の人材確保

- 教師の魅力を発信する取組の促進、学校における働き方改革の取組や教職の魅力向上に向け国による収集・発信や、民間企業等に就職した社会人等を対象とした、教職に就くための効果的な情報発信
- 教員免許状を持っているものの教職への道を断念せざるを得なかった就職氷河期世代が円滑に学校教育に参画できる環境整備
- 高い採用倍率を維持している教育委員会の要因分析による、中長期的視野からの計画的な採用・人事の推進

13

生徒指導提要（改訂）（抄）

（文部科学省 HP より）

目次

第 I 部　生徒指導の基本的な進め方

第Ⅱ部　個別の課題に対する生徒指導

第4章　いじめ

第12章　性に関する課題

12.1　性犯罪・性暴力対策の強化の方針
　　12.1.1　性同一性障害者の性別の取扱いの特例に関する法律
　　12.1.2　学校における性に関する指導
12.2　性に関する課題の早期発見・対応
　　12.2.1　早期発見と早期対応の基本
　　12.2.2　養護教諭と他の教職員との連携
　　12.2.3　実効性のある組織体制の確立
　　12.2.4　地域ぐるみの援助
12.3　性犯罪・性暴力に関する生徒指導の重層的支援構造
　　12.3.1　「生命（いのち）の安全教育」による未然防止教育の展開
　　12.3.2　性的被害者への対応
　　12.3.3　性的被害者の心身のケア
12.4　「性的マイノリティ」に関する課題と対応
　　12.4.1　「性的マイノリティ」に関する理解と学校における対応
　　12.4.2　「性的マイノリティ」に関する学校外における連携・協働

第13章　多様な背景を持つ児童生徒への生徒指導

13.1　発達障害に関する理解と対応
　　13.1.1　障害者差別解消法と合理的配慮
　　13.1.2　発達障害に関する理解
　　13.1.3　発達障害に関する課題
　　13.1.4　学校における組織的な対応
　　13.1.5　関係機関との連携
13.2　精神疾患に関する理解と対応
　　13.2.1　精神疾患に関する基本的構えと対応
　　13.2.2　主な精神疾患の例
13.3　健康課題に関する理解と対応
　　13.3.1　健康課題に関連した基本法規等
　　13.3.2　健康課題への対応
　　13.3.3　生徒指導における健康課題への対応と関わり

索引

第3章　チーム学校による生徒指導体制

3.1　チーム学校における学校組織

3.1.1　チーム学校とは

　平成27年12月に中央教育審議会により「チームとしての学校の在り方と今後の改善方策について」が答申されました。本答申は、学校が抱える現代的課題に応えるために

　「チームとしての学校」が求められる背景として、次の3点を挙げています。

　　①新しい時代に求められる資質・能力を育む教育課程を実現するための体制整備
　　②児童生徒の抱える複雑化・多様化した問題や課題を解決するための体制整備
　　③子供と向き合う時間の確保等（業務の適正化）のための体制整備

　「新しい時代に求められる資質・能力を育む教育課程を実現するための体制整備」では、「社会に開かれた教育課程」として、学校での学びと、実生活や社会生活、つまり現実世界とを接続させ、児童生徒自身が学ぶことに対する意義や意味を見いだすことの重要性が指摘されています。児童生徒が学校で日々学んでいることは、学校の中だけに閉じたものではなく、現実世界との関連があるということを認識することによって、将来の自己実現を展望することが可能になります。その際、図3のように地域社会の様々な人たちが学校の教育活動に参画し、適切なカリキュラム・マネジメント［*30］の下で教職員と協働することが求められます。

　「複雑化・多様化した課題を解決するための体制整備」は、児童生徒の健全な成長や発達を保障するために解決すべき喫緊の課題です。日本は、諸外国に比して、学校内の専門職として教員が占める割合が高い国です［*31］。そのことによる利点も多くありますが、児童生徒の抱える問題や課題が複雑化・多様化しているなかで、教員の専門性をもって全ての問題や課題に対応することが、児童生徒の最善の利益の保障や達成につながるとは必ずしも言えない状況になっています。したがって、多様な専門職、あるいは、専門職

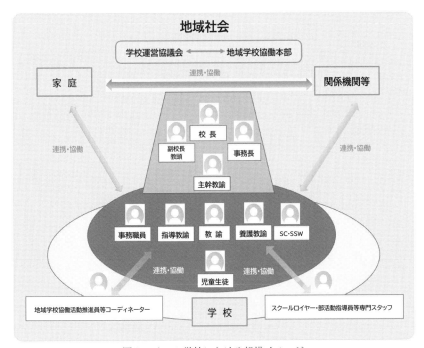

図3　チーム学校における組織イメージ

という枠組みにとらわれない地域の様々な「思いやりのある大人」が、教員とともに学校内で連携・協働する体制を形作ることが求められています。日常的に学校で活動している非正規、非常勤の職員との連携・協働は、今後ますます重要性を増していくと考えられます[*32]。

「子供と向き合う時間の確保等のための体制整備」は、OECDによる国際教員指導環境調査（TALIS）2018調査結果において、調査参加国中、日本の教員の1週間当たり勤務時間が最長であることが明らかになったことから、その是正が急務となっている課題です[*33]。児童生徒への豊かで実りある教育活動を行う上で、教員の専門性が十全に発揮されるように、多様な職種、さらには職種にとらわれず地域に存在する協力者との連携・協働によって、教員の負担軽減を実現することが求められます。

　一方で、忘れてならないことは、日本の教員が担ってきた生徒指導に代表

される児童生徒の「全人格的」な成長・発達を目指す「日本型学校教育」が、国際的に見て高く評価されていることです。平成31年1月の中央教育審議会答申「新しい時代の教育に向けた持続可能な学校指導・運営体制の構築のための学校における働き方改革に関する総合的な方策について」において、「児童生徒の人格の形成を助けるために必要不可欠な生徒指導・進路指導」が、学校が担うべき業務として改めて明示されています。学校における「働き方改革」を実現し、教員の負担の軽減を図りつつ、生徒指導の充実を図ることは、「令和の日本型学校教育」を支えるための重要な要件と言えます。

3.1.2　チーム学校として機能する学校組織

　中央教育審議会答申「チームとしての学校の在り方と今後の改善方策について」（平成27年12月）において、チーム学校とは、「校長のリーダーシップの下、カリキュラム、日々の教育活動、学校の資源が一体的にマネジメントされ、教職員や学校内の多様な人材が、それぞれの専門性を生かして能力を発揮し、子供たちに必要な資質・能力を確実に身に付けさせることができる学校」と定義されています。そのような「チーム学校」を実現するためには、次の四つの視点が必要になります。

　第一に、「教員が教育に関する専門性を共通の基盤として持ちつつ、それぞれ独自の得意分野を生かし」チームとして機能すると同時に、「心理や福祉等の専門スタッフを学校の教育活動の中に位置付け」、教員と専門スタッフとの連携・協働の体制を充実させることです。

　第二に、「『チームとしての学校』が機能するためには、校長のリーダーシップが必要であり、学校のマネジメント機能をこれまで以上に強化していくこと」が求められています。そのためには、「主幹教諭の配置の促進や事務機能の強化など校長のマネジメント体制を支える仕組みの充実を図る」ことが不可欠です。校長がリーダーシップを発揮し、学校の教育力を向上させていくためには「副校長の配置や、教頭の複数配置、事務長の配置など、校長の権限を適切に分担する体制や校長の判断を補佐する体制の整備によって、管理職もチームとして取り組むこと」が重要です。

　第三に、「教職員がそれぞれの力を発揮し、伸ばしていくことができるようにするためには、人材育成の充実や業務改善の取組を進めることが重要」であり、教職員の専門性を高め、それを発揮するための環境を整備すること

が求められます。具体的には、教員が持てる力を発揮できるように、「校務
分掌や校内委員会の持ち方、業務の内容や進め方の見直し、教職員のメンタ
ルヘルス対策等に取り組む」ことが重要です。

　以上の三つの視点に加え、「チーム学校」が機能するための第四の視点と
して、教職員間に「同僚性」を形成することが挙げられます。これら四つの
視点から生徒指導体制を構築することにより、「児童生徒一人一人の発達を
支える取組を組織的に進める」生徒指導が可能になります。

　つまり、学校がチームとして機能するためには、教職員同士（教員のみな
らず事務職員や学校用務員、SC、SSW等も含む）はもとより、教職員と多職種の
専門家や地域の人々が連携・協働して教育活動を展開することが求められま
す。しかし、知識や経験、価値観や仕事の文化の違う者同士が関係性を築い
ていくのはそれほど簡単ではありません。専門性に由来するそれぞれに特有
の文化やものの見方をお互いに理解し、考え方や感じ方の溝を埋めることが
必要になります。そうでないと、教職員と多職種の専門家等との連携・協働
が、かえってメンバーにストレスを生じさせることにもなりかねません。し
たがって、学校を基盤としたチームによる連携・協働を実現するためには、
教職員、多職種の専門家など、学校に関係する人々に次のような姿勢が求め
られます。

①一人で抱え込まない
　　一人でやれることには限界があります。一人で仕事をこなさなくては
　という思い込みを捨てて組織で関わることで、児童生徒理解も対応も柔
　軟できめ細かいものになります。
②どんなことでも問題を全体に投げかける
　　些細なことでも、学年会や校務分掌の会議、職員会議、ケース会議等
　に報告し、常に問題を学年全体、学校全体として共有する雰囲気を生み
　出すことが大切です。
③管理職を中心に、ミドルリーダーが機能するネットワークをつくる
　　トップダウンのピラミッド型組織ではなく、情報の収集と伝達を円滑
　に進めるためのネットワークを学校の内外につくることが求められます。
　その際、連携した行動の核となる司令塔（コーディネーターの役割を果た
　すミドルリーダー）の存在があってはじめて、役割分担に基づく対応が可
　能になります。学校規模、学校種、地域性などの実情に応じて、一人で

なく複数の教職員（例えば、副校長・教頭、生徒指導主事、養護教諭など）が「コーディネーターチーム」として連携の核になるという方法も考えられます。

④同僚間での継続的な振り返り（リフレクション）を大切にする

　思い込みや独善を排するためには、常に自分たちの考えや行動を自己点検する必要があります。しかし、一人で内省的に振り返りを行うことには限界があります。同僚の教職員間で継続的に振り返りを行うことで自身の認知や行動の特性を自覚することができ、幅広い他者との協働が可能になります。

［*30］　児童や学校、地域の実態を適切に把握し編成した教育課程に基づき組織的かつ計画的に各学校の教育活動（授業）の質の向上を図ること。（平成27年「中央教育審議会教育課程企画特別部会論点整理」）

［*31］　「国際教員指導環境調査（TALIS）2018調査結果」日本の学校は教員以外の専門スタッフが諸外国と比べて少ない（教職員総数に占める教員の割合（日：82%、米：56%、英：51%）。

［*32］　「学校における専門スタッフ等の活用に関する調査結果報告書」総務省行政評価局（令和2年5月）

［*33］　「国際教員指導環境調査（TALIS）2018調査結果」

付　　録

学校教育を考える「ドク」と「ボス」とのライブ中継

　ここでは、ドイツ教育学研究で博士号（Ph.D：Doctor of Philosophy）を取得した「ドク」と、長年高校教育現場で鍛えられ、教育委員会の経験や校長も務めた「ボス」との「教育的対話」を、ライブ中継風に収録しました。聞き手は、大学の教職課程受講生たちです。
　皆さんも、教育の「理論」と「実践」を往還することの大切さを考えながら、学校教育について深く論究してみませんか。

───私たちは教師を目指し、教職関係の講義を受講してきました。講義の中で特に印象に残ったお二人の先生、通称ボスとドクにお尋ねします。これからの教師は「志」が必要であるとおっしゃっていましたが、具体的にどのようなことですか。まずはボスから。

ボス

教師の「志」のベースになるのは、就学前教育から学校教育、さらには職業教育にいたる一連の教育システムをトータルな視点で考え、各学校種の担当者がそれを大切につないでいくことだと思いますね。そのための出発点は、三つ子の魂百までではないですが、幼児教育が一番大事だと考えています。さらに保幼小接続、小中接続、中高接続、高大接続という分節的接続の視点ではなく、幼稚園から大学もしくは社会に出るまでを一貫したつながりの中で、それぞれの教師が教育をとらえることが、教師の「志」に深く関係していると思います。

───ボスからは、幼児教育が重要であり、幼児教育から大学、社会に出るまでをトータルな視点で考える必要があるという指摘がありましたが、ドク

はそのことについてどう思われますか。

[ドク]

ボスが特に意識して言われたのは、幼児教育と学校教育の相互連携ということだと思いますが、それを考える時に注意したいのは、幼児教育と学校教育との大きな違いです。双方の教育担当者はそのことを深く理解してないと、幼児教育と学校教育をトータルで考えるための土台はできません。しかもそれぞれの子どもたちに対しては、自己と他者が相互交流を行いながら、コミュニケーションを高めていくような＜学び＞の仕掛けが必要だと思いますね。特に幼児教育担当者の方々には、幼児に将来必要な高度なコミュニケーション能力の育成と集団活動を行うための行動様式を学ばせることが重要になってくる。そのようなことを他校種の教師も意識して、それぞれの発達の段階において向上させていくことは、先に指摘した「志」にもつながっていくのではないでしょうか。

———お二人は、幼児教育の重要性を「教職概論」や「教育原理」などで繰り返し強調されていますが、ここではそれぞれの科目の復習も兼ねてそのことを説明していただけますか。

[ボス]

教職概論でルソーの教育理論を取り上げた時、疑問に思ったのは自分のこれまでの教師人生で出会ってきた多くの教師たちは、本当にルソーの教育理論を理解してきたのだろうかということでした。確かに彼らの何人かは、知識としてのルソーの幼児教育思想は知っていました。しかしながら、彼の教育思想の本当の意味を理解している教師が一体何人いたのだろうかと。教育実践は大切ですし、教授技術の向上は重要な教育課題です。しかし優れた教育実践は、単なる教授技術の競い合いではないと思います。実践的積み重ねは、深い理論的探究に裏打ちされていなければなりません。すなわち、教育の理論と実践との継続的な「往還」が大切なのではないでしょうか。

ドク

ルソーについて重要な指摘がボスから出ましたね。ルソーは、児童中心主義教育論の代表的人物です。その種の教育論の元祖とも言えるでしょう。ただ、ルソーの教育論に対しては多くの誤解があります。確かにルソーは、それまで脈々と受け継がれてきた体罰肯定の教育論を大きく転換させた人物です。彼は子どもへの体罰を否定し、自主性や自発性を大切にする教育論を提案しました。従来の教育において、子どもは小さい大人、不完全な大人であり、そのため早く一人前の大人に仕上げるためには、体罰でも強制的な教育でもしなければならないというような考え方がありました。そこに一石を投じたのがルソーの著作『エミール』で、それは児童中心主義教育論の原点になる著作です。皆さんは既に授業を通して知っていますよね。ただ彼の教育論は、単に児童中心主義を無制限に公認したのではありません。子どもの自主性・自発性を尊重するのは、言語未習得の段階までで、言語習得能力ができてからは、積極的な教育が展開されます。すなわち、彼の児童中心主義は、決して無制限な自由放任教育でもなければ、子どもたちの勝手きままを常に許容するような教育でもないのです。

ボス

そこのところを多くの教育関係者は勘違いしているのではないでしょうか。「どのような時にも、子どもの意見を尊重して、教師の教育的指導を抑制するのが児童中心主義教育なのだ」という教育論は間違いですよね。しかもそのような間違った教育論の側に立ってしまうと、子どもの本当の気持ちや、子どもが思い悩んでいる時に、教師が支援する絶好のチャンスを逸してしまうことにもなりかねません。ある研究者が「教える勇気」の必要性を指摘していましたが、これはとても重要なことだと思います。だから学生諸氏は、ルソーの『エミール』等の教育理論書をしっかりと読んで、教育実践と教育理論との相互作用について学んでほしいし、教育の理論と実践との往還関係の大切さに気づいて欲しいです。

子どもは成長すると共に、言われたままに素直に話を聴かなくなるし、自己主張も出てきます。そうした一連のプロセスを経て個々人の「自我」が確立されていくのです。自我が形成されてくると、当然反発も起こるわけです。つまり大人の思いどおりにはならないことがあるわけです。けれども、それを頭ごなしで押さえつけることをルソーは望んでいたわけではありません。自分で理解し、自分で自覚するところまでは、子どもの自由を保障しながらも、そこで様々な失敗を繰り返しながら、自分で自分の責任を自覚していく、いわゆる「自己責任」の世界を知ってくれなければならない。それが「自律」につながります。ルソーはあくまでも頭ごなしの強制的教育を否定しています。しかし自己責任を自覚し、自律した教育の重要性を繰り返し指摘しています。

ボス

これまでにも教育現場で、子どもの自主性・自発性を尊重する理想に燃えた教師を見てきましたが、その中には、何も指導しない、子どもたちを勝手気ままに、野放しにすることをよしとする教師も見られました。しかしながら、本当に自主性を育もうとしている教師は、子どもたちに教えなければならないことをしっかりと教えていましたし、そうした指導を受けて子どもたちは自分たちで考え、行動するようになっていました。しかもそのような教師は、難しい用語などを使わないで、子どもたちが理解できる言葉で、確実に理解するまで教えていました。こうした教師こそが「教える勇気」を持ち、毅然とした態度で子どもと接していける教師なのだと思います。厳しい姿勢も示しながら、子どもたちと語り続けることをあきらめないということが、これからの教師には必要なのではないでしょうか。こうしたことが理論と実践との往還なのだと思います。

ドク

ボスが言ってくれたように、これからの教師に必要なのは、毅然とした態度

を取りながらも、子どもとの対話を継続的に続けることです。さらに先ほど
も指摘したように、そのような努力が、幼児教育から学校教育までトータル
でつながっていて欲しいですね。子どもたちの自主性や自発性が尊重されな
がらも、子どもたちは自己責任の意味を理解して行けるような教育活動が広
く理解されていけば、幼児教育と学校教育が同じ地平に立つことができるの
ではないでしょうか。互いの教育が、そうした地平に立てるようにならなけ
れば、双方の誤解を払拭して行くのは難しいのではないでしょうか。

ボス

ドクからの指摘は大切にしたいですね。ただ、現状では幼児教育と学校教育
との相互の理解不足は否めません。それが原因で小１プロブレム問題等が起
こっています。学生諸氏には、こうした問題に常に関心を持って欲しいし、
実際に自分が教育現場に出た時には、この問題と対峙せざるを得ないことを
肝に銘じて欲しいです。そのためには、実践的スキルの向上を図るだけでは
なく、理論的な深い探究も必要となります。みなさんが現場に出た時には、
どうすればいいのか迷う場面が必ず出てきます。その時には理論的探究を大
切にするべきだし、理論を現場における実践で確認して、それを活用するこ
とが大切だと思います。

**———このような理論と実践との往還で培われる資質能力は、例えば教員採
用試験ではどのように見られるのでしょうか。ボスは教育行政経験が豊富で
あると思いますが、その点から何か思うところはありますか。**

ボス

最近の都道府県の採用試験問題を見ていくと、感覚的な言い回しで申し訳あ
りませんが、かつての試験問題よりも簡単になってきているように思います。
もちろん難問が多く出題されるよりも、基本的なことを問うような出題が多
いことは、望ましい傾向だと言えるでしょう。ただ、少し気になるのは教育
理論の理解力をしっかり問うような問題が年々減ってきていることです。重
要な教育理論、それも現場で活用して欲しい理論については、大学時代に是

非学んで欲しいし、それを問う形の採用試験問題であって欲しいと思いますね。ドクがお話しされた『エミール』は、確かに構成が論理的でないところも多々見られますが、しっかり読み込んで、理論と実践との往還の意味を学んでほしいです。ドクはこの点どのように考えますか。

ドク

ルソーの『エミール』については、教育原理で話していますし、教育思想系の科目で取り上げることが多いのですが、教職を目指すのならば、採用試験対策だけでなく、教育思想を理解することも大切だと思います。多くの都道府県では、思想や哲学を問わない、むしろ教育技術や、スキルみたいなものを重視する傾向にあるように思います。しかし、集団を動かすテクニックというのは、一朝一夕でできるものではないですし、獲得し自分で納得して展開できるようになるまで時間がかかります。仮にテクニックを身につけたとしてもスキルばかりが頭に入ってしまうと、目の前の子どもの一瞬の出来事しか見えなくなってしまうこともあります。教育の枠組みというのは、近年大きく変わりつつあります。教師が一方的に喋るような授業の形態ではなく、子どもたちがグループで、議論し合いながら課題を解決していくような環境が整えらなければダメですね。ただそこでは子どもたちが自由に何をしてもいいというわけではなくて、自他を相互に認め合うことに基づいた行為が求められると思います。教師は、テクニカルなスキルの問題だけではなく、集団や子どもがどういうものなのかというのを立ち止まって考えて行かなければなりません。だからこそ、理論的＜学び＞の重要性が出てきます。理論と実践の往還と言いますがそもそも教育行為にはその種の往還が欠かせません。理論から理論的に実践のスキルを出していくやり方もあるだろうし、現場の教育実践の数多くのスキルの中から共通項を出していくような帰納法的な理論の出し方もあると思います。

───ドクから理論と実践の往還という言葉が出ましたが、ボスの講義におけるサブタイトルが「理論と実践の往還を目指して」でした。このことについて、ボスの考えも聞かせてください。

ボス

理論と実践の往還は、とても大事なことで、自分自身が教師として経験した最後の3年間に実感したのは、子どもたちはスキルを求めていますが、実はその先の本質探究を求めているのではないのかということです。そこに気がついた子どもたちは、勝手に学び始めるし、それとともに成長していきました。教師はある時はコーチのように褒めながら伸ばしていくことが大事なのではないかと思い至りました。教師が良いと思う方向に無理やり変えるのではなく、子どもたちにそれとなく気づかせるということが大事であり、幼稚園の教師が、遊びの中に気づかせる場面を仕掛けているような仕掛けが学校教育に求められているように思います。特に高等学校や中学校の教師を目指している学生には、全部を用意するのではなくて、気づかせるようにすること、あたかもその子が見つけたかのような仕掛けを作っていくことが大事だと考えます。そのような場面に幼稚園の先生が立ち合うと、子どもを褒めるし、認めてあげようとする。それがすごくうまくできていると思います。

ドク

今すごく大事なことを言われたと思います。ボスが経験したことはとても重要だと思いますね。人間は経験していく中でいろいろなことに気づき学んでいきますが、共通項を見つけ出し、そこに共通する法則を見つけ出し、それらを論理的に組み合わせていくと、まさに理論ができてきますよね。経験値における共通項を持ってきたり、それを体系化したりする、それらの結晶化されたものが哲学になるのだと思います。デューイやルソーの理論や哲学は、彼らによって結晶化された思想形式の枠組なのです、我々はその枠組みに自身が生きている時代の諸課題を流し込み、その理論や哲学がその時代においてどのような有効性を発揮するのかを考え、もし発揮しないようなところがあるのなら、その枠組みをさらに改良していけばいいわけです。かつての古いタイプの研究者は、デューイだったらデューイの言ったことをきっちり理解するまで勝手な解釈はいけないという解釈至上主義のところがありました。あるカント研究者は、カントの著作物を全部読まないかぎり勝手に解釈してはいけないという人がいました。ところが彼はカントの本をドイツ語で、し

かも全ての著作を読み切る前に定年を迎えてしまいました。このような研究スタイルは、私個人は自己満足の学問探究でしかないと思いますし、意味のある探究活動だとは思いません。私は、理論はつまみ食い的理解でもいいと思っています。自分の生きている時代の中で、理論や哲学がどのように使えるか、応用することが重要だと思います。

───理論を尊重しつつも、現場ではそれを応用した実践が、今の教育現場では大切だと思いますが、理論と実践との関係は今後どのようになるべきだとお考えでしょうか。

ボス

理論と実践との関係を考える前に、一つ気になることがあります。小学校段階、いやそれ以前の段階から、我々は子どもたちに対して常に一つの解答を求めるような問いかけをしていないでしょうか。しかも、解答に誰よりも早く、正確にたどり着くことを求めていないでしょうか。子どもたちも、教師の答えを待ったり、手っ取り早く解答を得られたりする方法を求めていないでしょうか。教師の側も子どもたちもそうした学習が＜学び＞だと考えているように思います。個人的には、真の＜学び＞とは対話であると考えています。この対話には、実際に接している他者との対話、自分自身との対話、そして先人たちが築いてきた思考との対話が重要であると考えています。他者や自分との対話は理解できるでしょうが、先人たちとの対話には、読書も含まれるし、先人たちが築き上げてきた理論も哲学も入ります。まさに追体験というものであり、このような体験から気付きを得ること、そして理論をきちんと押さえて振り返ることが大事だと思います。教職を目指す学生の学びには、この対話が重要だと考えています。

ドク

ボスからとても大切な視点が提示されました。体験はとても大切なものです。幼稚園に代表される幼児教育は、体験を重視しますよね。子どもたちは体験を通して、自分自身の情緒的側面を育んだりしながら、常に新たな発見への

旅に出て行くものです。それらの多様な体験に論理的な意味付けを与えよう
とすることは、小学校以降の学校教育であり、そこで獲得していく知識を通
して、子どもたちはこれまでと異なる世界と対峙します。体験を重視するデ
ューイの経験主義的教育学では、子どもたちの知的好奇心に基づく新たな発
見の大切さが強調されています。ワクワクする＜学び＞は子どもたちにとっ
てとても大切なものです。ただ、注意しておきたいことがあります。それは、
デューイのみならず、経験主義的教育学全般に言えることですが、体験を通
して獲得される知識を結び付けて体系的な＜知＞の枠組みを構築する意識が
弱かったことです。それを今風に言えば、「カリキュラム・マネジメント」
的発想が脆弱だったことです。これは、カリキュラム研究では、経験主義と
系統主義の論争として知られています。デューイ主義者の多くは、やはり現
代的なカリキュラム・マネジメントの発想が弱かったように思います。体験
に基づく学習へのモチベーションを維持しながら、どうすれば体系性のある
理解を実現して行くべきなのかは、今最も重要な「学力論」でしょう。その
体系性の前提は、「学びの地図」や「学びの羅針盤」を子どもたちに作らせ
ていくことだと思います。学習指導要領では「学びの地図」として、子ども
たちの学びの体系性を重視する学力のあり方が指摘されています。この点が
1950年代のデューイ主義者たちの問題解決学習の学力論と、現代の問題解決
的学力論との大きな違いだと思っています。

ボス

今まさに学力問題、それも「確かな学力」ということがテーマにあがったと
思います。「ゆとりの時代」を経て今問題にされているのは確かな学力です。
私は、「ゆとり」という考え方を否定するつもりはありません。むしろ、ゆ
とりの時代の教育は決して間違ってはいなかったと考えています。ただ「ゆ
とり」という言葉が独り歩きし、誤解を招いてしまったのではないでしょう
か。ある学習塾は「円周率は３でいいのですか」という大々的な広告によっ
て、ゆとりが基礎学力低下の元凶であるようなイメージを世間に広めてしま
いました。こうしたイメージは、ゆとり教育の本質的な重要性の理解を妨げ
てしまいました。ゆとりの本当の意味を改めて理解して欲しいのです。私は
当時、教育行政の現場で「ゆとり教育」が目指す方向性について説明を受け

ました。興味深かったのは、東京大学の市川伸一氏の次のような指摘です。「これからの学びというのは中学校の軟式テニスだけではなく、大人の硬式テニスという考え方も必要である。中学校では軟式テニスは人気があり入学と同時に大勢が入部する。しかし一年生は、三年生が引退するまでコートには立てず、声を出して応援するかボールを拾っているかである。実際にコートに立ってもフォワハンド、バックハンドと基礎をまず練習する。しかし、大人のテニスはいきなり試合から始まり、初心者であっても上手な人とダブルスを組み、試合形式でテニスを経験する。その中でさらにうまくなりたいという気持ちが芽生えてきて、あらためて基礎に戻るということがある。このような考え方が、これからの学びにあるべきだと」と指摘されたとき妙に納得しました。このエピソードが意味しているのは、「基礎から積み上げる学び」と「基礎に降りていく学び」のバランスが重要であると言うことです。基礎練習だけでは学びの好奇心が生まれない子どももいますし、逆にいきなりコートにたって試合を行う中で、自分にとって不足している基礎練習の大切さを自覚する子どももいる。ゆとり教育は、そうした全ての子どもを包み込むものであると。またゆとり教育が叫ばれているとき、ある小学校で算数の授業を見ました。いきなり指導者が「この問題をみんなで考えてみよう」と始めました。考え方も教えずに、何を考えるかも指導せずに活動をさせたのです。塾で学んできた子どもたちは、すぐに解答できましたが、そうではない初めてこの問題を見た子どもたちは、何をやっているか分からずにいます。でもよく考えて下さい。塾で学んできた子どもたちは確かに解答が出せますが、問題の本質的理解は実は十分ではないかもしれない。逆に初めての子どもが分からないなりに、問題の本質を理解して行くかもしれない。そうだからこそ、互いに問題の本質を基礎からわかる必要がある。大学で学生たちと関わってきて思うのは、大学に合格するために細分化された科目は教え込まれてきている。そのため、その科目に関する問題は確かに解けるかもしれませんが、例えば数学と物理がつながっていたりとか、理科系科目が文系科目の代表である国語ともつながっていたりするという諸学の本質的つながりが十分に理解されていないような気がします。このところ大学入試共通テストに対するコメントが、報道などでよく取り上げられますが、その根底には真の学問探究というよりは、受験勉強のテクニックについての理解に留まっているのではないでしょうか。

ドク

大学入試共通テストの話題だけではなく、最近色々なところで、学びのあり方や知識のあり方について論議がなされています。ただ、知識についていえば、知識は所詮「道具」なのです。確かに道具としての知識の精度を高める努力は大切です。でも、知識の道具だけを磨いても、そこから「何かが」生み出されるわけではありません。道具を使い、使うことで生み出される「何かが」重要なのではないでしょうか。いろいろな知識の道具を持ち、それで何を作るかが大事だと思います。もちろん大学入試では、道具としての知識の精度が問われます。でもより重要なのは、その知識を使って、その先の自分自身の生き方にどのようにつなげていくのかが重要なのです。使いこなせる知識の獲得ですね。共通テストの話が出ましたが、私の受験時代の入試英語の試験では、先ず最初に発音記号問題が出て、次に文法問題、そのあとに長文読解という、絶対に変わることなき不動の順番がありました。ところが共通テストでは、英語の４技能がどれだけ身に付いているかを問うため、発音記号やアクセント問題からではなく、いきなり英文のスマホの画面が出てきて、図書館に自分の持ち物を忘れてきてしまったが、どうするのかのメール画面が問題になっていました。さらに、ビタミン剤の効用が長文に出題されていたり、珍しいフルーツ、南国のパッションフルーツの話が出題されていました。これはまさに英語の総合力を問う問題なのであり、英語の知識の一つ一つの精度を問うことではない点に注意したいですね。今後は、英語だけではなく、あらゆる科目で、知識活用の総合力が問われる試験になっていくと思います。すなわち、総合的な探究力が重要になってくるのではないでしょうか。

―――今言われたように、各学校段階で探究学習的な学びを取り入れることが重要であるといわれていますが、そのことについてもう少しお話しください。

ボス

高校においても中学校において探究的な学習が大事だと言われています。30

数年教育現場に携わってきた経験に基づいて言わせてもらうと、なにも今に始まったことではないと思いますよ。これまでの普通の授業においても、子どもたちに当たり前に求めてきたし、そのような学びに子どもたちは興味を持っていたと思います。そのような授業では、当然探究活動が行われてきたのではないでしょうか。ただ、改めて注意したいのは、そうした探究学習のスキルやその枠組みにこだわり過ぎて、なぜ探究活動が重要なのか本質的理解がないがしろになってきているような気がします。さらにそこに教育ビジネスが入ってくるとさらに方向性がおかしくなってしまう気がします。高等学校では、教科の専門性を重視することがよく言われますが、専門性を深めて行くことは、探究学習に向かうことだと思います。専門性を極めて行くためには、狭い教科の領域に留まるのではなく、他の教科との相互比較作業によってその「独自性」や、その「本質」が明らかになるはずであり、個別の領域に留まっていてはその科目のオリジナリティは確認できません。最近、中学校の国語の教師を目指している学生に一つの事例を紹介しました。「平安時代の物語に、牛車を引く場面があったとする。実は、牛車は、荷車を少し大きくして荷台に小屋を乗せた形であり、単に荷台と小屋を結び付けているだけだから、「落窪物語」や「源氏物語」に登場する車争いが面白いのだよ。しかし、その独自性や本質を知らずに単に現代語に訳すだけだから古典に興味を持つ生徒が少なくなっている。本当は、探究的に子どもたちと『もの』にスポットを当てると面白いドラマが出てくるし、そこを子どもたちと調べていくと探究活動になる。」と伝えました。教師が学びを楽しまないで、どうして子どもたちが学ぶことに興味を持つのかということです。

| ドク |

教師と子どもたちが学びを楽しむという視点は大事ですね。そのためにも、教職を目指す学生たちには、大いに学んでいただきたいし、先ほど出てきたデューイにしても『学校と社会』や『民主主義と教育』等の彼の主著を読んで、学校とはどのような場所なのか、なぜ学校という場で学ぶのかなどを考えてほしい。そして、自分の言葉で子どもたちに語り掛け、学ぶ楽しさを共有してほしいですね。

───お二人のお話を伺っていると、まだまだ学ばなければならないと思い
ますし、また、お二人の対談をお聞きしたいように思います。本日はありが
とうございました。

（本ライブ中継の記録については、茨城大学人文社会科学部佐藤思乃さんと、教育学
部の津川徳美さん、檜山さつきさん、高川愛結さんの協力を得たことを記しておきた
い。）

索　引

著者紹介

小川哲哉（オガワ テツヤ）　第2・3・4章

1958年北海道生まれ。
広島大学大学院教育学研究科博士課程後期修了
博士（教育学）
九州産業大学大学院教授を経て
現在　茨城大学教育学部教授

石井純一（イシイ ジュンイチ）　第1・6・7・9章

1961年東京都生まれ。
茨城大学大学院人文科学研究科修士課程修了
修士（学術）
茨城県教育庁学校教育部高校教育課課長、
茨城県立水戸第二高等学校校長を経て
現在　茨城大学全学教職センター特任教授

猪瀬宝裕（イノセ タカヒロ）　第5・11章

1962年茨城県生まれ。
茨城大学大学院人文科学研究科修士課程修了
修士（学術）
茨城県教育庁主任企画員兼主任教育政策員、
茨城県立大洗高等学校校長を経て
現在　茨城県教育研修センター所長

渡邉　剛（ワタナベ ツヨシ）第8・10章

1964年茨城県生まれ。
立命館大学文学部卒
茨城県教育庁学校教育部高校教育課副参事を経て
現在　茨城県立下妻第一高等学校校長

佐藤　環（サトウ タマキ）　第12・13章

1960年広島県生まれ。
広島大学大学院教育学研究科博士課程後期修了
修士（教育学）
常磐大学人間科学部教授・教育学科長を経て
現在　茨城大学教育学部教授

新たな時代の学校教育を考える

2023年2月10日　初版第1刷発行

著　者　　小川哲哉　石井純一　猪瀬宝裕

　　　　　渡邉　剛　佐藤　環

発行者　　大貫祥子

発行所　　株式会社 青 簡 舎
　　　　　〒101-0051　東京都千代田区神田神保町2-14
　　　　　電話　03-5213-4881
　　　　　http://www.seikansha.co.jp

印刷・製本　藤原印刷株式会社